## 出版者识

　　《话说中华文明》是一部全景式图文并茂记录中国文明历史的大书。出版者穷数年之力，会集各方力量——专家、学者、编辑、学术顾问们，在浩如烟海的历史档案、资料、著作中，探珍问宝，追寻中华文明在悠悠历史长河中的灿烂之光。此书的出版，凝聚了编撰者的心血，学术顾问们的智慧。尤其是李学勤先生，亲自动笔写下了序言，更增加了本书沉甸甸的份量。

　　中华文明的历史充满了辉煌与苦难，成就和挫折。它的历史无处不在，决定着我们中国人今天的思想和感情。当今的中国和中国人是中华文明的历史造就的，是中华文明的历史的延伸，也是它的一个组成部分，中华文明的历史之河奔流到现在。

　　中华文明是人类历史上最伟大的文明之一，是人类文明发展的主要构成。中华文明丰富、深刻、辉煌、博大，在人类文明中的骨干作用和领导作用人所共知。在人类文明的发源时期，中华文明就是四大古国之一，是地球上文化的策源地之一。在人类文明的早期，中华文明成为文明在东方的支柱，公元前后200年间，人类的汉帝国与罗马帝国这两只铁手攫住了地球。在欧洲进入中世纪的时候，中华文明更成为人类文明最主要的领导，它的文明统治东亚，传遍世界。进入近代，中华文明处于自身的重压和西方的欺凌下，但中国人民的斗争史和奋起精神是人类文明历史中不可缺少的一页。

　　五千年的中华文明为人类贡献出了从思想家孔子到科学技术的四大发明、从唐诗宋词到长城运河的伟大创造，贡献出了从诸子百家到宋明理学，从商周铜器到明清文学的深刻内涵，也贡献出了从五霸七强到三国纷争、从文景之治到十大武功的辉煌历史。中华文明的历史绚烂多彩，在人类文明的历史长河中永放光芒。

　　中华文明也是人类历史上最独特的文明，没有哪一个文明像中华文明这样持久，这样统一一致。世界上其他文明不但互相交错，其创造者也都与高加索体质的人种有关，它们是姐妹文明。在人类历史中，只有中华文明才是独特的，它的创造者是中国土地上的中国人民，与其它任何地方的人民都没有关系，它的文化是统一一致的文化，可以不依赖于其他任何文明而生存，但中华文明也绝不是封闭的，它接受他人的文化，也承担自己对于人类的责任。

　　人类进入新世纪，中国的社会经济发展令世人瞩目。人们对于世界未来的政治和经济结构的估计无不以东亚和太平洋为中心，而尤以中国为重点。

　　经济起飞只是当代中国的一个方面，中国的精神文明的建设尤为刻不容缓。如果中国要自觉地发展中华文明，要有意识地使中国的发展具有世界意义，就必须发展强有力的精神文化，这样才能使中华文明的发展进入一个新的阶段，才能形成中国和中华文明的全面现代化。

而中国的精神文化的发展植根于中华文明的伟大传统之中。进入近代之后，在西方文化的冲击下，对于中国文化的价值产生大量的情绪化和激烈冲突的论调。"五·四"运动打倒孔家店的口号具有冲破封建束缚的时代意义，对中国文化的发展有不容否认的正面意义，与文化虚无主义是完全不同的。文化虚无主义者否定中国传统文化，在现代化的旗帜下主张全盘西化；而复古主义则沉迷于中国文化的古董，走进反进步、反科学的泥潭。

历史的发展则超越了所有这些论点，产生这些论调的一百多年来的中国近代史已经结束。历史要求中国发展，要求中国走在全世界发展的前列。西化论和复古论都已过时，历史已经要求世界超越西方，中国可以承担起世界的命运，而中国的现实和世界的历史都说明，中国的使命在于它的发展前进，而非倒退。

中华文明走出迷惘的时代，我们这一代处在一个伟大而具有挑战的历史阶段。

总结历史、展望未来，这就是《话说中华文明》的意义和使命。我们创作《话说中华文明》，力求总结和回顾中华文明的全貌，在内容和形式上都开创一个新的局面。在内容结构上，既具有一定的深度，又具有相当的广博性，既有严谨、准确的学术价值，又有活泼、流畅的可读性。我们在两千页的范围内容纳了中华文明的各个方面，使它综合了大规模学术著作的系统性、严密性，和普及读物的全面性、简易性，它既可作为大型工具书检索中华文明的各个成分，又可作为通俗的读物进行浏览。

我们从上世纪90年代初起就开始思考中华文明的历史和现实问题，并逐渐形成了编著《话说中华文明》的设想。在开展这项庞大的文化工程之始，我们就聘请了国内权威学者李学勤、罗哲文、俞伟超、曾宪通、彭卿云诸先生担任学术顾问，他们对计划作了充分讨论，并审阅了大量初稿。我们聘请了广州、香港地区的社会科学学者、大学教师、研究生以及我社编辑人员几十人担任稿件的撰写工作。

通过创作这部书，我们深深地感受到了中华文明的博大精深，也感受到了它的内在缺陷。中华文明具有辉煌的时期，也有苦难的年代，有它灿烂的成就，也有其不足的方面。中华文明在自身中能够吸取充分的经验和教训，就能够使自身健康壮大，成长发展。

通过创作这部书，我们也深深感受到了出版事业的使命和重任。我们希望这部书能受到广大读者的喜爱，起到它所应当起的作用。为中华文明的反省、前进和奋起作一点贡献。

# 目 录

大汉盛世

大汉盛世

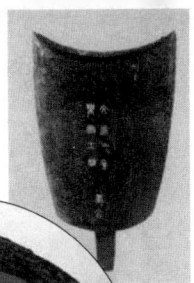

西
汉

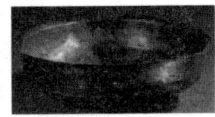

179 ~ 171B.C.

# 西汉

**179B.C. 汉文帝元年**

贾谊约于此年作《过秦论》，论述秦代兴亡的原因和教训。

南越赵佗因汉再派陆贾为使者劝说，遂去帝号，恢复对汉臣属关系。

**178B.C. 汉文帝二年**

诏执政荐举贤良方正能直言极谏者，为汉代察举之始，政论家贾山向文帝上《至言》，以秦兴亡为喻，论治乱之道，强调纳谏，推重礼义的教化作用。

**177B.C. 汉文帝三年**

法学家张释之任廷尉。张释之主张减政省刑，反对任意赏罚。

**176B.C. 汉文帝四年**

匈奴冒顿单于约于是年击破月氏，征服楼兰、乌孙诸国，"诸引弓之民并为一家"。

**175B.C. 汉文帝五年**

米价石至万钱，以荚钱轻故，令改造四铢钱，文亦称"半两"；除盗铸钱令，民得自铸钱。赐邓通蜀严道铜山铸钱，吴王刘濞开豫章铜山铸钱，于是吴邓钱布天下。

**174B.C. 汉文帝六年**

匈奴冒顿单于致书文帝约和。未几，冒顿死，老上单于立，文帝复遣宗室女为公主入匈奴和亲。

**173B.C. 汉文帝七年**

贾谊上《陈政事疏》（即《治安策》）。

**172B.C. 汉文帝八年**

伏生（伏胜）仍在世。伏生传今文尚书，以汉隶书写，其弟子欧阳生创立尚书欧阳学。

**179B.C.**

罗马第一座石桥爱米利乌斯桥建成。

**175B.C.**

拔克脱利亚王尤梯代莫斯之子底米特里奥斯征服阿富汗及印度之旁遮普、信德等地。后底米特里奥斯之本土为攸克提底斯所夺，底米特里奥斯遂专统治阿富汗及印度西部，迁都奢羯罗城。在印度的希腊王朝，历八君，凡八十二年。

**172B.C.**

罗马军队被马其顿相修斯击败。

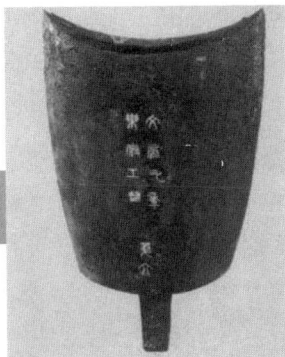

文帝九年编铙

## 汉文帝诏举贤良

汉文帝二年（前178）十一月，文帝诏令天下推举贤良、方正、能直言极谏的人士。

贤良方正即指品行德操出众之人。文帝认为，君主的职责在于养育管理百姓，治理天下，使天下太平在于皇帝一人，皇帝如不能治理好百姓并让百姓过上安稳的生活，那就是很大的过失。因此下诏让天下推举贤良方正、能直言极谏之人，以广开直言之路，发现和补救皇帝在治理国家中的过失。汉朝举贤良方正以此为开端。一般认为，作为选用官吏的中国古代察举制度始于文帝二年的诏令。到武帝时形成了较为完备的选官制度。此后两汉诸帝大多颁行过类似的诏令。文帝通过此一诏令，搜罗了一大批民间人才。作为汉朝补充官员队伍的途径之一。这一措施在其推行的休生养息、稳定社会、发展生产的政策方面发挥了一定的作用。

## 郡守开始使用符节

汉文帝二年（前178）九月，汉朝郡守开始使用符节。

符节为符和节的统称，是古代传达命令、调兵遣将、出入关卡时及出使者所持的凭证。多以金属制成，也有的由玉石、竹木制成。汉文帝时为加强中央对地方的控制，开始让郡守使用铜虎符、竹使符。符即虎符，是铜虎符的简称，因

西汉张掖都尉启信。它是通行关禁的证件，又是高级官吏的一种标帜。启信上的字体为正统的小篆，是当时行世的官书体之一。

为以铜制作，另外又形似猛虎，因而得名。符长6寸，原为完整虎形，顺脊背梁部一分为二，右半部留朝廷，左半部与郡国。虎符专供发兵使用，如果朝廷要调拨郡国之兵，就向郡国出符，合符才可发兵。节是信物，为号令赏罚之节。多以竹制成，长约七八尺（汉1尺约合现今7寸），节上装饰旄牛尾，尾由牦牛县按年进贡，所饰牦尾共3重，颜色常有变更。开始时为红色，汉武帝时为防止太子假传命令调兵遣将，于是在第一座上加饰黄旄，以示区别。由于节为信物，有节则显示权重，无节则权轻，因此汉朝时人们重节。

汉文帝时让郡守使用符节有助于社会稳定，对阻止诸王列侯等拥兵自重有重要作用。

## 贾谊作《吊屈原赋》

贾谊（前200～前168），洛阳人，西汉初期杰出的政治家和文学家。"年十八，以能诵诗书属文称于郡中"；二十余，为博士，提出改革制度的主张，表现了卓越的政治才能，得到文帝赏识。但却因此受到守旧派的诋毁，被贬为长沙王太傅。在贬谪中，他仍不忘国事。后为梁怀王太傅，死时年仅33岁。所著文章58篇，刘向编为《新书》。

贾谊是汉初著名的辞赋家，作品有《吊屈原赋》、《鵩鸟赋》，显示了从楚辞向汉赋过渡的痕迹。

赋本是诵的意思，《汉书·艺文志》说："不歌而诵谓之赋。"荀卿《赋》篇第一次以"赋"名篇，汉人沿袭其义，凡辞赋都称为"赋"。汉初骚体的楚辞逐渐变化，新的赋体正在孕育形成，故贾谊的赋兼有屈原、荀卿二家体制。

《吊屈原赋》是贾谊谪往长沙时所作。它借凭吊古人来抒发自己的感慨。赋中感叹道："彼寻常之污渎兮，岂容吞舟之鱼？横江湖之鳣鲸兮，固将制于蝼蚁。"作者深谋远虑，高瞻远瞩，具有卓越的政治才能，却遭到保守官僚的排挤，政治抱负无法施展，遂以其抑郁不平之气倾注在赋中，虽痛逝者，实以自悼。刘勰评之为"辞清而理哀"。由于贾谊在此赋中引屈原为同调，而《史记》的作者司马迁又对屈、贾都寄予同情，为二人写合传，因而后人往往将贾、屈并列，称为"屈贾"。

《鵩鸟赋》是谪居长沙时所作。它采用主客问答的方式，抒写自己怀才不遇的愤懑情绪，同时也流露出齐生死、等祸福的消极思想。

贾谊的赋在形式上趋向散体化，同时又大量使用四字句，句法比较整齐，显示出从骚体赋过渡到汉赋的端倪。

作为文学家，贾谊最著名的还是他的政论散文，他的《过秦》、《大政》及《陈政事疏》等名篇世代相传，荫泽后人，对唐宋古文的写作有相当的影响。

# 汉文帝休生养息

汉文帝即位后积极推行休生养息政策，使生产逐渐得到恢复和发展。

汉文帝二年（前178）正月，贾谊上疏论积贮，认为国库充实百姓便知礼节，衣食丰足百姓就知荣辱，当务之急就是劝民归农，发展生产，使天下各食其力，主张从事工商末业和游食之民都应转到农业生产上来。积贮是天下的大事，只要粮食充实而财富有余，就什么事都好办。并认为国库充实，百

弋射收获画像砖

姓就可以安居乐业，社会也得以稳定。文帝认为说得很对，于是下诏天下以农业为天下之本。此外为鼓励农业生产，文帝还诏赐天下，减征田租，即为三十税一。另一方面，文帝积极废除苛令，元年（前179）十二月，下令废除收孥相坐律，即废除秦父母、妻子、同党连坐法，有利于缓和社会矛盾。第二年五月又下诏废除诽谤妖言之罪，认为由于国家法律有诽谤妖言之罪，因而使臣下不敢尽情而言，皇帝也就无法发现自己的过失，因此废除此法，以利下情上达。

五年（前175）四月，文帝不顾大臣反对，下诏废除盗铸钱令，同意可由民间自行铸造。然而，由于新铸钱和已铸钱大小、轻重、质量不一，而同在市场上流通，不但造成交易不便，而且更增加了币制的混乱，因此，这一措施效果不明显。十三年（前167）五月，文帝又下诏废除肉刑法，进一步缓和了社会矛盾。文帝通过废除苛令和采取与民休息、轻徭薄赋的政策，不但缓和了社会矛盾，而且使生产得以恢复和发展，从而使汉朝渐渐出现了多年未有的富裕景象。

## 贾谊最早提出"法钱"概念

西汉初期著名的政治家和文学家贾谊，多次上书陈述政见，反对汉高祖和汉文帝实行的任民铸钱政策，主张由国家统一铸造铜钱，禁止私人钱币。

他指出，由于商贾利用铜钱名义价值和铸造成本之间的差别铸币获利，导致币值与物价长期波动，流通界非常混乱，出现了劣币驱逐良币的现象。因此，国家应垄断币材铜和货币铸造权，推行禁铜政策，消除私铸的根源，减少犯罪活动，安定社会经济秩序，并驱使采铜铸币者重返农田，以进一步发展农业生产，贯彻重农抑商政策。他还针对货币流通20多年来陷于紊乱的局面，顺应了新兴封建地主经济体系在货币流通方面的客观要求，最早提出了"法钱"概念，以实现封建国家货币制度的统一和稳定。"法钱"是指符合国家规定的标准重量和成色的铜钱。中央政府应"立法钱"，建立统一的本位货币，使流通界只有良币，奸币绝迹，人民在使用货币时互不相疑。这样就可以限制富商大贾对市场的操纵，平稳物价，增加中央政府的财政收入，增强抗击匈奴的军事力量，巩固封建国家的法制。贾谊提出"法钱"概念和"立法钱"的要求，并把货币问题和生产、交换、富国、强兵等问题联系起来，既符合了封建王朝的统治利益，又符合社会经济发展的客观趋势，为历代封建王朝特别是汉武帝统一铸造五铢钱作了重要的舆论准备，对中国古代社会经济和思想的发展具有深远的影响。

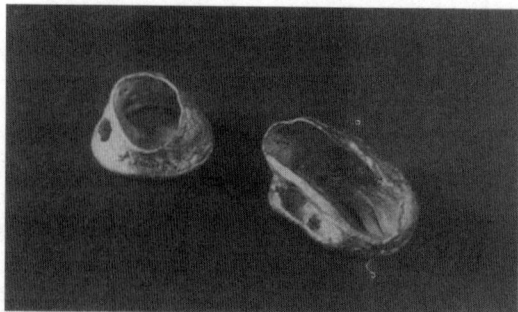

麟趾金和马蹄金。流通于西汉的麟趾金（右）和马蹄金，是一种用于收藏，馈赠或大笔支付的特殊货币。

# 淳于意录"诊籍"

我国古代医学习称的"诊籍",即现代医学的"病历",中医叫做"病案"。它是临床诊治过程的记录,对吸取经验教训,提高医术,促进医学的发展,具有重大意义。

周代已有中医书写病案的优良传统,但没有文献记载,现存最早的病案是西汉名医淳于意的"诊籍"。

淳于意(约前205~?),临(今山东淄博)人,曾做过齐国太仓长,故称"太仓公"。他从小喜爱医术,曾先后跟随公孙光、公乘阳庆学医。他医道高明,常常匿名行医,不愿为显门贵族看病。看病诊治时,总是认真记录诊籍,积累经验,总结教训,医术日臻精良。

汉文帝四年(前176),淳于意遭到诬陷,临被捕去长安前,他焦虑叹息地看着围聚哭泣的5个女儿,小女儿缇萦明白父亲为没有儿子能分担急难而感伤后,决意随父同行。到了长安,缇萦即刻上书文帝,为父申冤,以愿做宫中婢女来替父赎罪。文帝深为缇萦的忠孝品行感动,便将淳于意免刑释放,并亲自召见了他。

汉文帝召见淳于意时,对他学医的经过及临床治病的具体情况都做了详细询问,他根据平日记录整理的"诊籍",列举25例,一一作了回答。当文帝问他"治病决生死,能全无失乎"时,他回答说:"时时失之,臣意不能全也。"他采取实事求是的科学态度,即便疗效

西汉医工盆。医用器具。敞口,外折沿,浅析腹,假圈足。口沿和器壁上刻有"医工"字样,口沿上一处为工整的隶书,其余两处较潦草。

不佳甚至死亡的病例也照实记载，毫不掩饰。

在"诊籍"中，他详细而有条理地记载了病患者的姓名、性别、职业、里居、病因、病机、症状、治疗、预后等内容，具备了现代病案格式的主要款项。他在疾病的治疗上，以药物为主，常用复方，包括汤剂、丸剂、散剂、含漱剂、酒剂、外敷药、阴道坐药等多种剂型；还辅以针灸、冷敷等其他疗法，体现了西汉初年药、灸、针并用的治疗原则，说明方药治病占主要地位的情况。其中记有内、外、妇产、口齿等科的23种病症，以消化系统疾病为主。所述及的病因，以房事、饮酒为多，过食、寄生虫、过劳汗出、外感风寒等次之。

"诊籍"中不仅记有浮、沉、弦、紧、数、滑、涩、大、小、代、实、弱等近20种单脉，而且论述了脉大而数、脉大而躁、脉大而实、不平而代、脉沉小弱等兼脉的诊判意义，其中有10例可单凭脉象而判断生死。体现了他高明的医术和西汉初年已很快发展的医学水平。

淳于意作为对文帝答辞的"诊籍"，被司马迁载入《史记·扁鹊仓公列传》中，得以完好的保存下来，成为我国现存最早的病案。

## 中国饮食方式确立

秦汉时期是我国的多元化饮食方式确立的时期。饮食状况反映了当时的生产状况、文化素养和创造才能，反映了人们利用自然、开发自然的特种成就和民族特质。

秦汉时期，农业是最主要的社会生产部门，并且提供了更多更广的饮食资源。随着国家的统一和版图的扩大，水利的兴修、牛耕的推广、耕作技术的提高，使谷物种植业的品种增加、粮食产量提高。畜牧业和园圃业的发展也很迅速。谷物、肉类、蔬菜和水果生产的发展，标志着饮食资源的进一步开发，为丰富人们的饮食生活提供了雄厚的物质基础。

庖厨俑

红陶灶

庖厨俑

这一时期，人们已确立了以五谷为主食的饮食结构。五谷即粟、黍、麦、菽、稻。

由于各地自然条件和谷物种植状况相异，不同地区的主食各有特色。秦代北方人以粟为主食，汉代北方人以麦为主食，南方人则以稻米为主食，边郡人以杂粮为主食。主食制法可分饼、饭、粥三种，其中饼又有蒸饼、烤饼、汤饼等。这些食品的做法一直沿袭至今。

副食可分蔬菜水果、豆腐和肉食品三大类。这时的蔬菜水果种类颇多，长沙马王堆汉墓和广西贵县罗泊湾墓就出土了几十种蔬菜水果品。豆腐被称为时尚之食。制造豆腐技术，不仅打开了利用大豆蛋白质的途径，开发植物蛋白也是对世界的一大贡献。肉食可分家养和野生两大类，种类很多，猪和鸡是人们最爱吃的家养肉类，有数十种野生动物被人们经常食用。

执厨俑

在饮食搭配上，秦汉人以五谷为主，各种水果、蔬菜、肉类为辅，互相补充，使食物多样化。这种饮食结构有合理的一面，因为不同食物所含的营养素不同，为了取得人们赖以生存并保证健康的全部营养素，并保持人体内酸碱平衡，就要摄取多种食物。但从现代营养学的观点来看又有不合理的一面，这是一种低级、简单、幼稚的饮食结构，因为主食五谷是低蛋白，而含有质量较好的蛋白质的肉类又只是辅食之一，不利于人体素质和寿命的提高。这种以植物为主，以动物为辅，只讲色香味，不讲营养的低级饮食结构，沿续了

庖厨石刻像。早期的食物与药物往往难分彼此，人们在寻找食物时常常发现药物。同样，早期的庖厨器具乃至烹饪技术也往往直接用作医用，药物的炮制和制剂、复方的调配等当与烹饪有密切的关系。

2000多年，至今没有大的改变。

秦汉人的饮食习俗随身份地位不同而各异，一般官吏和贫民一日二餐，上层统治者到汉代已是一日三餐，而天子们的饮食则为一日四餐。秦汉统治者宴饮成风，目前可以找到四个代表汉代饮食品种和烹调水平的菜单，第一个是长沙马王堆轪侯家族墓葬的出土食品；第二个是山东诸域凉台村出土的东汉晚期画像石墓的"庖厨图"；第三个菜单是《盐铁论·散不足》中列举的当时20款时尚之食；第四个菜单是枚乘的《七发》列出的九款"天下之至美"饭菜。这四张菜单，反映了当时唯求稀珍、重荤轻素、菜肴量过大的宴饮特点，是中国传统宴席的通病。

汉代饮酒成风，进食遵循礼节。宴饮场面豪华而壮丽，菜肴丰盛，宾客如云，仆从穿梭，还有伎乐百戏娱乐宾客，充分反映了贵族奢侈靡费的生活状况。

秦汉人的饮食文化心态是整个秦汉时代社会心理的重要组成部分，具有民族性、等级性、地域性三个特点。

在饮食文化的价值取向方面不仅体现了多重价值的集合，而且增长了夸饰性与炫耀性。

秦汉时期确立的多元化饮食体系对我国社会生活各方面产生了重要影响，并且在2000年的历史中保持着原有的基本形态，一直沿用至今。

## 漆器工艺统一发展

西汉前期，漆器工艺在战国、秦漆器的基础上获得长足的发展。此期的漆器已不像战国时期那样具有各地不同的形态和风格，而是差异消泯，风貌

云纹漆匝

漆盒

云纹漆钫。湖南长沙马王堆汉墓
出土。斫木胎，器有黑漆，器内
红漆。领圈朱绘鸟头形图案，其
下为红色和灰尘绿色的云纹。

渐趋统一。漆器生产数量增多，质量提高，不但制作精工，而且在造型和髹饰方面有不少创新。

漆器轻便、美观、不易摔破，是较好的生活日用品，有很高的艺术价值。秦统一中国后，经西汉初期，漆工艺随着不同文化的交流，在相互吸收融合的基础上有了巨大的发展。

在制作技术方面，汉前期漆器制作分工细密，专业化程度相当高。据出土的漆器铭文，此期稍好的漆器至少要经过八道工序，即"素工（制胎）"、"髹工（垸漆、糙漆等）"、"上工（镶嵌饰件）"、"铜耳黄涂工（渡金）"、"画工（描绘纹饰）"、"汩工（雕刻工）"、"清工（清理打磨）"，最后经"造工（工师）"检查才可通过。其中兑漆和髹漆是制作漆器的两道基本工序。兑漆即视不同的需要，掺入一些稀释剂和着色剂。髹漆是为改善漆的流动性能，提高制品的光洁度在天然漆中掺入油类。凡黑色、深色主要用漆涂物，凡颜色浅淡鲜明者，则须掺油。汉代漆器色泽艳丽，常在黑漆地或朱红地上，使用朱红、赫红、金黄、土黄、乳白、银白、粉绿、暗绿、蓝紫等构成各种纹饰，线条细腻匀称，别具一格。长沙马王堆漆器代表了西汉前期髹饰工艺的最高水平，其中的一件彩绘黑地漆棺以云气旋卷，神仙鸟兽飞腾出没的云虚纹为题材，色彩流动凝重，具有特殊艺术魅力。

汉代漆器装饰技术也有很大发展，主要有镶嵌、螺钿、金银平脱、扣器、堆漆、戗金几种技法。镶嵌是在漆胎中嵌入玉石、珠宝、玛瑙、

**011**

云龙纹漆平盘。湖南长沙马王堆汉其时出土。直壁，平底。盘内髹黑漆和红漆。以漩涡纹组成龙的须鳞爪，口沿上为波摺纹，内外壁为鸟头形图案。笔法工整，花纹构图精致巧妙。

金银箔等饰物。北京大葆台墓漆器上镶嵌玳瑁、云母等。螺钿是在漆面嵌以贝壳类，马王堆2号墓出土过螺钿漆器。金银平脱也是金银嵌的一种形式，西汉前期已开始使用平脱工艺，这类出土的器物有安徽阜阳双古堆墓中的柿蒂纹银平脱漆奁等。扣器是在口沿部镶嵌金属的漆器，从出土的漆器看，西汉前期王府贵族所用漆器，已普遍地采用了镶嵌银扣和镀金铜扣等技术。贵州清镇出土了西汉元始年间广汉郡工官造镀金铜扣漆盘。堆漆是在漆面上堆叠出种种花纹，长沙马王堆3号墓出土的一件长方形奁，上面布满彩色云气纹，以白色凸起的线条勾边，用红、绿、黄三色勾填云气纹。戗金是以针在漆面刺刻出图纹，再把金、银屑撒入纹中。西汉早期漆器刻纹技术已相当成熟，马王堆3号墓的部分漆器有针划纹，同墓出土的竹简把这种技法叫"锥画"，它在当时已成为一种专门的工艺，在此基础上发展出戗金工艺，西汉中期开始使用。

西汉前期漆器主要出自云梦、江陵和长沙三地的墓葬。云梦的汉初墓出土漆器与秦墓基本相同，江陵在战国时期是楚文化的中心，西汉初期江陵墓的漆器已经与楚墓不同，它表明楚地的文化习俗到汉初已有较大改变，秦、蜀的髹饰工艺在这一时期与楚地的漆工艺有了新的融合。长沙马王堆汉墓的漆器代表了西汉前期髹饰工艺的最高水平，它博采兼施，把楚、秦、蜀的纹样图案完美地融合在一起，取得生动活泼、绚丽多姿的艺术效果。此外，山东、安徽和广西也发现西汉前期生产的漆器。

汉初漆器大多庄重、实用，出土地点主要分布在南方，每每有大批量发现。这表明西汉

漆案和杯盘

前期已大批量生产漆器，并且融合各地区漆器工艺的特色，形成汉代漆器的统一风格。

## 鎏金开始盛行

从春秋时代开始，各种金属表面装饰工艺进一步发展。战国时期（公元前五世纪），中国发明了金（银）汞齐鎏金（银）的技术。鎏金又称火镀金，是用涂抹金汞齐的方法镀金的一种工艺，主要用来装饰铜铁一类建筑构件和各式器皿。

西汉鎏金马。随葬品。马作立势，昂首，竖耳，鬃毛清晰。通体鎏金。从同坑出土马具、车饰分析，此为驾车辕马。

到了汉代，鎏金工艺开始兴盛起来。1968 年河北满城出土的汉代长信宫灯就是一盏通体鎏金的铜制宫灯。这盏长信宫灯呈一宫女跪坐双手持灯状，高 48 厘米，宫女高 44.5 厘米，设计浑然一体，非常巧妙，反映了汉代高超的合金冶炼技术和鎏金技术。

两汉以后，鎏金工艺传承不衰，日渐发展提高。1958 年在浙江金华出土的五代时期的铜鎏金观音菩萨像即可成为很好的证明，一直到近现代，鎏金工艺仍被广泛使用。

## 《尔雅》成书

《尔雅》是中国第一部以训释字、词为主要内容的训诂学专书，它开创了我国词义分类和比较研究的训诂学新阶段。它与《说文解字》、《方言》、《释书》一起构成了汉代小学的高峰，是中国语言文字学研究的重要里程碑。

关于《尔雅》的作者及成书年代，有很多说法，郑玄认为它是孔子或门徒所著，成书于东周，魏太和中博士张揖又以为是周公所作，但他也无法肯定。现代多数学者认为，《尔雅》一书的渊源很古，在相当长的流传过程中经许

《尔雅》。中国最早的解释经典词义的专著。

大汉盛世

多学者增补,最后成书于汉初。关于书名的含义,唐初陆德明在《经典释文》中解释为近正,近人黄侃先生考证认为,"雅"是"夏"的借字,因而他断定《尔雅》是诸夏人的言论,为经典的常用语,《尔雅》的释词为训诂的正义。综合考察,《尔雅》是一部以先秦语词为对象通释语义的训诂专著,应当是无疑的。它所释词包括用标准语释方言词语,用当代语释古语及用常用语释难僻词语三种类型。

《尔雅》全书共3卷20篇。现存19篇,按释诂、释言、释训、释亲、释宫、释器、释乐、释天、释地、释丘、释山、释水、释草、释木、释虫、释鱼、释鸟、释兽、释畜等19个门类编排。这19篇又分两个大类,《释诂》以下三篇为一类,主要训释普通语词,《释诂》、《释言》训释单音词,《释训》训释迭音词和连绵词。《释亲》以下16篇为一大类,主要训释百科名词,按义归纳为人文关系、建筑器物、天文地理、植物和动物五部分,每部分包括若干篇目并按不同内容划分若干小类。如《释亲》解释亲属关系的词语,分父族、母党、妻党、婚姻四个细目,《释畜》包括马、牛、羊、狗、鸡、六畜等六个细目。内容十分详备,使这部训诂学专书具有了百科全书的性质。

这部书是训诂学史上第一部脱离具体语境训释语词意义的专书,它是先秦语言文字研究成就积累的结晶,汇聚了先秦文献训释的大量材料,是研究先秦文献语言的入门书,它继承了战国中期萌芽的词义类聚和比较研究的方法和成果,将分散在不同文献中的随文释义的训释材料,按同训的原则汇集起来,展示了词与词之间的意义关系。它还首创了按词的义类编排词汇的辞书编纂体例,对后世辞书影响很大,后世百科词典基本上承袭了这种体例。

此外,《尔雅》还可以帮助我们了解古代的自然状况和社会状况,因而极为后代所珍视,汉文帝时代就曾把它同《论语》、《孟子》、《孝经》并列于官学,作为通读古代文献的基本必读书。唐文宗将它列为经书,地位十分重要,因而它流布很广,校注和研究《尔雅》的学者很多,仅清代到近代就有不下20家。研究集中在校正文字如阮元、严元照等,补正注疏如周春,疏证如邵晋涵和郝懿行等以及释例的如陈玉澍和王国维等等,这些恰恰表明它在文化史上具有重要地位。

# 西汉

169B.C. 汉文帝前十一年

晁错上书，建议募民以实塞下，耕战结合以御匈奴，为文帝采纳。

168B.C. 汉文帝前十二年

文学家、政论家贾谊卒（前200～前168）。其政论有《过秦论》、《治安策》、《论积贮疏》等，另作有《新书》。有《吊屈原赋》、《鵩鸟赋》等辞赋传世，为《楚辞》向典型汉赋过渡期的代表作家。

167B.C. 汉文帝前十三年

诏废肉刑法。

166B.C. 汉文帝前十四年

冬，匈奴侵汉，月余乃退。

165B.C. 汉文帝前十五年

汉帝亲郊成为制度。

文帝始信用方士新垣平，委以敬祀鬼神等事宜。

诏举贤良文学能直言极谏者，文帝并亲自策问晁错等，是为对策之始。

164B.C. 汉文帝前十六年

新垣平先盛言宝玉气来，复诈令人献玉杯。文帝信为祥瑞，改明年为元年，是为帝王改元之始。

163B.C. 汉文帝后元年

新垣平诈造祥瑞事败露，被夷三族。

医学家淳于意约是年前后述录二十五例临床医案，是为我国现存最早的病史记录。

162B.C. 汉文帝后二年

匈奴连岁侵扰，文帝使人致书单于，匈奴亦遣人报聘，于是又和亲。

168B.C.

罗马大败马其顿，虏马其顿王波西斯。

埃及承认自己为罗马之附属国。罗马世界霸权开始。

105B.C.

叙利亚人亵渎耶路撒冷神庙。犹大·马加比率领犹太逐叙利亚人复建神庙。

160B.C.

希巴尔库斯生，他发明三角学并对天文学有重大贡献。

**015**

## 晁错论贵粟

汉文帝十二年（前168）三月，晁错上疏论贵粟之道。

晁错（前200～前154），颖川（治今河南禹县）人。西汉前政论家。早年拜张恢为师，学习申不害、商鞅"刑名之学"。文帝

单阙画像砖。此画像砖正中浮雕一重檐意单阙，阙顶瓦垅，檐下木坊及斗拱等均匀勾划清晰。阙的两旁各有一农冠整齐伤者躬身而立，左者执启戟，右者捧盾。单阙上檐两端各悬一玩戏的小猴，使隆重的迎谒场面增添一些欢乐情调。

时任太常掌故，奉命随故秦博士学《尚书》。后为太子家令，深得太子（宣帝）信任，被称为"智囊"。当时，晁错目睹匈奴扰边日益严重以及商人兼并农民土地等问题，曾先后上书，陈述加强国防、保卫边疆、劝农力本的重要性，提出迁移关内百姓和调拨关内粮食等充实边塞地区，并以此作为拜爵免罪的标准等措施，得到文帝的采纳。文帝十五年（前165）诏令诸侯王、公卿、郡守等举贤良、能直言极谏人士，晁错以对策不同凡响得到赏识，升任中大夫。景帝时任内史、御史大夫。曾建议景帝对诸侯王实行"削藩"政策。不久，吴楚七国以"清君侧"为名发动叛乱，逼景帝杀晁错以谢天下，于是晁错被斩于长安东市。

汉初以来，商人兼并农民的情况日益严重。晁错为了维护农民利益及发展农业生产，于文帝十二年（前168）三月上《论贵粟疏》，提出了"贵粟"的主张。认为当今的最重要事务在于让百姓尽心尽力发展农业生产。如果要让百姓提高对农业生产的积极性，就应该提高粮食的价值，提高粮食价值的根本之道又在于让百姓以粮食为赏罚。并且认为当今对于征粮的地方官，应该就其功绩的大小来赏罚分明，并可以此作为其拜官进爵和减轻、免除过错的标准，唯有如此，才能达到国家粮食充足、百姓赋役减少和劝民发展农业

生产等三大目的。此外，晁错还主张，如果一个郡县的粮食供给有余，可以维持一年以上，那么就应该不时给予鼓励，免除农民的租税。对此，文帝极其欣赏并采纳了晁错的建议，诏免农民当年租税之半，使农业生产获得了很大的发展。但是，晁错的"贵粟"之道，也实开了后世卖官鬻爵的先河。

## 汉文帝除肉刑·改革刑制

战国以后，奴隶制逐步瓦解，封建制开始确立。随着劳役刑制度与赎刑制度的出现与发展，以肉刑、死刑为核心的奴隶制的刑罚体系开始瓦解，以劳役刑为核心的封建制刑罚体系已逐渐发展成熟。中国古代的刑罚制度开始呈现文明化的发展趋向，这是汉文帝除肉刑、改革刑制的历史前提。

秦王朝的刑罚制度，不但种类繁多，结构庞杂，而且以野蛮、残酷著称。汉初为顺应民心，曾下令蠲除秦之苛法严刑。但在汉政权确立之后，为强化统治，又完全采用了秦的刑罚制度。

汉文帝即位后，由于经济发展，社会安定，人民生活也较富裕，犯罪行为减少，官吏执法清明，为改革刑制创造了一个较好的社会环境。

文帝十三年（前167），齐太仓令淳于公犯罪当处肉刑，他的小女儿缇萦上书给汉文帝，指出当时的刑制断绝了罪人改过自新之路。文帝见书，深有感悟，下令要求御史制定一套新的刑罚制度以替代肉刑。丞相张苍、御史大夫冯敬根据文帝旨意，提出了一套改革刑制的初步方案，以完城旦春代替髡刑，以髡钳城旦春代替黥刑，以笞三百代替劓刑，以笞五百代斩左趾，而将斩右趾加重为弃市，从而基本上废除了奴隶制下实行了2000多年的惨无人道的肉刑制度。

西汉熊足鼎。任食器，有盖。敛口，鼓腹，双附耳，圜底，下有三熊足。熊作张口蹲立状，全身满刻细密鬃毛纹。

这一改革，虽然废止了肉刑，但又出现新的问题。斩右趾改为死刑，对犯人来说是加重了刑罚。以笞刑代替斩左趾和劓，但笞

**017**

西汉馆陶家边鼎。馆陶指汉文帝女馆陶长公主。

数太多，使罪人饱受榜掠，笞未尽而命已丧。这与文帝改革刑制的初衷也是相违背的。这些缺陷的存在促使后来景帝进一步改革刑制。

另外，汉文帝改革刑制时，也同时废止了宫刑。

肉刑是一种残害人的肢体，使人终身致残的酷刑，是奴隶制残余在刑罚制度上的反映。汉文帝能够顺应历史发展的需要，废除肉刑，代之以徒、笞、死刑，使刑罚手段由野蛮残酷变得较为人道，具有进步意义，为中国古代刑罚制度由奴隶制的五刑向封建制的五刑过渡奠定了基础，是中国古代刑罚制度文明化的重要标志。

汉文帝的以废除肉刑为中心的刑制改革，以及后来景帝的进一步革新，使汉代的刑罚制度发生了很大变化。这一时期的刑罚制度正处于由奴隶制五刑向封建制五刑的过渡阶段，从体系上讲，比较繁杂；从结构上讲，也比较混乱，不尽科学、合理。但就刑罚的种类而言，总的趋势是在逐渐向较为轻和简的方向发展。

汉代最重的刑罚是死刑，有"弃市"、"腰斩"、"枭首"三种。秦代的各种处死犯人的酷刑已基本废除。文帝以及后来景帝的刑制改革，一方面废除了肉刑，另一方面也使徒刑规范化了。汉代的笞刑可以说是徒刑的附加刑，但从刑等上说重于徒刑。此外，汉代的刑罚还有徒边、禁锢、罚金、赎刑等。

## 汉文帝除秘祝

汉文帝十三年（前167）夏，下诏废除秘祝。

自秦代以来，朝廷设有秘祝之官，如果有灾异，即用一定的仪式将过错推卸给臣下，为皇帝推卸罪责。文帝不认为这样做正确，以为百官的过错应该由皇帝来承担，秘祝之官将过错推给臣下是宣扬皇帝的不德，不可取，因此下诏废除秘祝官。

## 新桓平族诛

汉文帝后元年（前163）十月，新桓平谋反，被灭三族。

文帝时期，有不少人认为汉应该改正朔，易服色。一些弄神方术之士纷纷想借此获取地位。赵国方士新桓平自称擅长观察云气，以此得到文帝的宠幸，拜为上大夫，赏赐大量钱财，并被委任管理敬祀鬼神等事宜。十六年（前164）九月，新桓平暗中指使他人献玉杯给文帝，随后向文帝说宫殿中有宝气来，结果真有人献上一只玉

西汉鎏金嵌琉璃鸟形镈。兵器附件。同出一对，镈作镂空鸟形，探首钩喙。通体鎏金，嵌有彩色琉璃珠，部分已脱落。出土时鋬内有朽木。琉璃珠上有圈形花纹，在青铜兵器中极为罕见。陕西西安小白杨村出土。

杯，上面刻有"人主延寿"四字。文帝又据新桓平的说法，将十七年更为元年，诏令天下饮酒欢庆。此次更元为帝王改元之始。文帝又派人在汾阴南建庙，想祭祀出周鼎。元年（前163）十月，有人上书告新桓平欺诈。新桓平谋反，随即被灭三族。此后，文帝对改正朔、易服色一类的事也失去了兴趣。

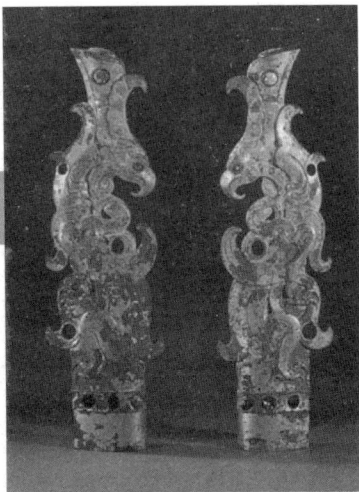

## 选士制度鼎盛

选士制度开始于西周，到西汉时期，我国选士制度进入鼎盛时期。

汉代选士制度的鼎盛主要表现在它有众多的选士方式。汉代选士，以察举和考试为主体，以荐举、辟署、征召、军功、纳赀、任子等为辅助，多途径、多方位地选拔贤士为官吏。察举是经过考察后进行荐举的选官制度，盛行于两汉；辟署是主要长官任用属吏的制度，汉代规定，二千石以上的长官可以自辟掾属，直接为百石官吏，百石以上的官吏再报中央批准。征召是皇帝采

举孝廉图。秦汉选官为察举制，孝廉、茂才等常科和特科成为察举制实践的具体途径。图为内蒙古和林格尔汉墓壁画举孝廉图。

取制征和聘召的方式，选拔有才能及有名望的人直接进入朝廷。荐举有私人荐举和官府荐举之分，带有一定保举性质，如果被荐举的人犯法，荐举的人要负连带责任。军功是按从军征战、功劳大小赏给爵位和官职的制度，汉代的李广、赵充国、傅介子等都是积功而为将帅的著名人物。汉代选士制度中的纳赀是指用资财和金钱

而得官。任子则是指子弟依靠父兄的官秩和功劳被保任为官的方法，即靠世袭进入仕途。此外，汉代还有计吏、上书、博士弟子和国子、技艺等多种选拔官吏的途径。汉代选士制度鼎盛，确实选出了许多名将、贤相，也确实在历史上发挥了重大的作用，但选士制度流弊也很多。有些人选举不实，终被免官。汉代选士制度以财富为主要条件，他们凭借自己拥有大量财富，取得入选资格，那么则有一批寒士，虽然学问深厚，也无条件入选。

选士制度对中国历代教育都有一定影响，隋以后各王朝设科考试，分科取士，从此中国选士制度进入另一阶段——科举制度阶段。

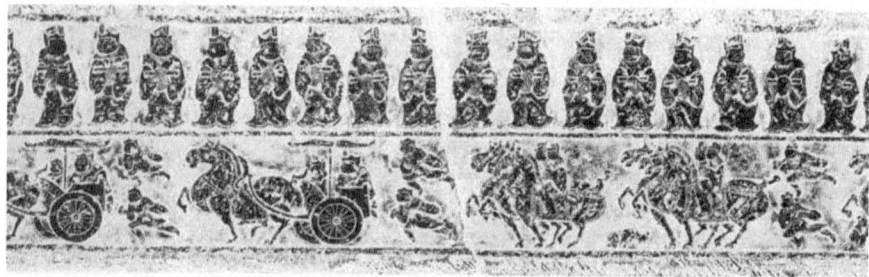

城南张儒生弟子、车骑画像。此图为浅浮雕。画面中一横栏分隔三层：上层，一列冠服人物，双手捧简册而左向行，有轺车三辆，骑吏四、五百人，第三辆车施耳，一人跪迎车骑队伍。

## 复与匈奴和亲

汉文帝后二年（前162）六月，文帝
派人向匈奴单于致书，单于也派人到汉答
谢，由此汉与匈奴恢复和亲。

汉文帝十四年（前166），匈奴老上
单于大举侵扰汉朝边郡，态度日益骄横，

"单于天降"瓦当。内蒙古出土的"单
于天降"瓦当，是匈奴归汉后接受汉朝
皇帝册封与玺绶在建筑物上的反映。

杀掠云中、辽东两郡百姓达万余人，并进军彭阳，侦察骑兵，更深入到甘泉，
长安为之告警。文帝任命中尉周舍、郎中令张武为将军，驻军在长安附近。又
任命卢卿为上郡将军，魏速为北地将军，周窀为陇西将军分别驻守上郡、北地
和陇西三郡，并以张相如为大将军，董赤、栾布为将军，击退匈奴。文帝后二
年（前162）六月，文帝派人致书单于，再次建议和亲。书信以为无论是什么
原因，还是谋臣失策，都不足以离间汉与匈奴的昆弟之欢，希望两国以长城为界，
长城以北的"引弓之国"受单于管治，长城内的"冠带之室"
由汉朝皇帝统制，两国和亲，让百姓能够安定地生产、生活，
父子不相分离，臣主也相安无事。单于也派使者到汉朝答
谢。和亲政策既定，文帝于是诏告天下：匈奴不进入长城内，
汉人也不要出塞，违反规定的一律处死。

## 通裁深衣定型

流行于战国时代的深衣在汉代逐步演变为通裁深衣，
通裁深衣的定型，决定了中国古代服装的基本特色与风貌。

西汉男女服装，仍沿袭深衣形式。不论单、绵，多是
上衣和下裳分裁合缝连为一体，上下依旧不通缝、不通幅、

着衣汉代木俑

西汉互纱禅衣。此禅衣为交领、右衽、直裾式，袖较宽，用精缫蚕丝织造。其丝缕很细，单根丝缕为十一但尼尔。说明西汉时期中国已有非常高超的丝织工艺技术。这件素纱禅衣是极其珍贵的历史文物。

外衣里面都有中衣及内衣，其领袖缘一并显露在外，成为定型化套装。此时的深衣，其形制也有了变化，特别是女子的服装。马王堆出土过一件深衣，其用料裁法与战国深衣相同，只是下裳改掩衽向后面，成缠绕状。东汉时期，通裁深衣转入制度化。上下通缝、通幅、两侧开衩很高，与深衣剪裁制度全然不同。通裁深衣这种衣裳相连的式样，对中国后来服饰有极大影响，甚至当代的连衣裙也是通裁深衣的沿袭。

## 世界最早行星运动记录

两汉时期，对天象的观察，已取得了巨大的成绩，其观察的细致和精确程度，也足以令今人惊叹，其中最为代表性的便是1973年在湖南长沙马王堆三号汉墓出土的帛书《五星占》。

《五星占》，字体为隶书，全文共有144行，约8000字，另有29幅彗星图。其中，占文部分保存了甘氏和石氏天文书的一部分，尤以甘氏的为多，全书详细叙述了从秦王政元年（前246）到汉文帝三年（前177）这70年间金、木、水、火、土等五大行星的运行情况及准确位置，并推出它们的会合周期和公转周期，另外，彗星图的画法还显示了当时已观测到彗头、彗核和彗尾，并且彗头和彗尾还有不同的类型。

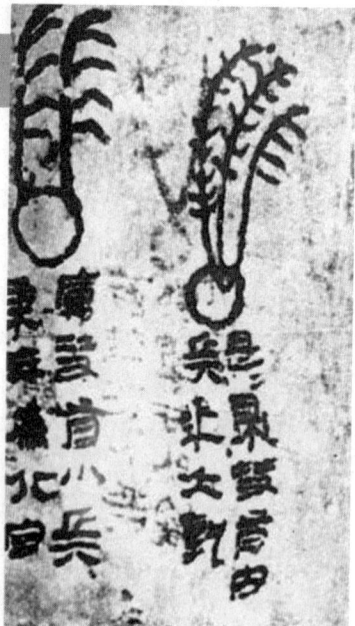

汉代帛画《彗星图》。帛上共有二十九幅彩绘彗星图，除两图有残缺外，其他各图均完整无缺。图中绘有三种不同的彗头，四种不同的彗尾。说明当时的观察已很精确，分类也很科学。它反映了我国当时天文学的突出成就。

据《五星占》所载，金星的会合周期为 584.4 日，比现在测值 583.92 日仅大 0.48 日；土星的会合周期为 377 日，比现在测值的 378.09 日只小 1.09 日；土星的公转周期为 30 年，比现在测值的 29.46 年只大 0.54 年；木星的会合周期为 395.44 日，比现在测值的 398.88 日只差 3.44 日；木星的公转周期为 12 年，比现在测值的 11.86 年只大 0.14 年等等，都说明当时的测量手段与技巧已达到了很高的水平，可见当时的天文学的繁荣程度。

《五星占》成书于前 170 年，比古希腊天文学权威喜帕恰斯的有关记录至少早一个世纪，是世界上最早记录有关行星运动的史料。

## 马王堆汉墓帛画

汉代，厚葬之风盛行，随葬品丰富多样，其中包括帛画。马王堆汉墓的随葬帛画，都是覆盖在内棺上的彩绘帛画。帛画共 5 幅，其中 1 号墓 1 幅，3 号墓 4 幅，创作时间为西汉文帝（前 179～前 163）时期，是迄今发现的汉代最早的独幅绘画作品，是汉代美术的重要遗物。

1 号墓帛画，为"T"字形，画面完整，形象清晰，自上而下基本分为三部分，描绘了天上、人间和地下各种景象。1 号墓轪侯利仓妻子墓中有一幅：最下面是一个立在交身红鳞青色巨鱼身上的裸体力士，他双手用力向上托着代表大地的平板，象征地下，即"黄泉"的情景；中部一段则描拟人间，穿璧双龙体上有一个双豹卧于下的白色平台，一个老妇人拄杖前行，服饰华丽，身后和身前各有女婢和男子恭侍和跪迎，老妇人应该是墓中死者的形象；上部描绘天空，有应龙和双豹守卫闾阖门——天门，顶上是日、月、蛇身神人和升龙，在左边弯月下有一女子飞升，多半是代表死者灵魂升仙。3 号墓出土的一幅帛画与此幅尺寸、形制、内容都相近。这两幅帛画以有序的层次展示了汉初人们观念中的宇宙图景，取自远古神话的大量形象和按照现实描绘的人与物构成天、地、人相沟通的世界。帛画是葬仪中用以表示招魂、导引后随葬的旌幡，又名为"非衣"。因而，画的主题是灵魂升天，画中人物（墓主人形象）正行进在通往"天国"的途中，天上日月并辉、明乐环响，龙、豹、翼鸟、玉璧等，都是吉祥、护佑的象征。发现于 3 号墓的另外三幅随葬帛画，描绘

大汉盛世

西汉轪大侯妻墓帛画。帛画于1972年出土于长沙马王堆一号汉墓，出土时画面向下，覆盖于内棺盖上，呈T形，下边四角缀有麻质丝带。其作为葬具的作用近乎铭旌。作品以祈颂墓主人飞升为主题，补以神话传说。内容丰富，构图精巧。人物形象仍如战国帛画，取侧画像，平面排列，却注意于情态的表达。色调则比之战国帛画丰富浓丽。淡墨起稿后以朱砂、石青、石绿等矿物颜料，青黛、藤黄等植物色及动物色蛤粉，综合运用，平铺施色，间以渲染，复精巧勾勒，表现了汉初绘画的新水平。

西汉轪侯子墓帛画（局部）。1971年出土于长沙马王堆三号汉墓，墓葬年代为前168年。帛画内容基本同于一号墓帛画。上部画天上景象，有圆日、金乌、扶桑树、弯月、蟾蜍、玉兔和星斗。其中画一侧身女子，人首蛇身，其侧有上裸男子，腾空飞舞。中部上段是墓主人出行场面，墓主为一男子，戴冠佩剑，身着红袍，前有三人作恭迎状，后有六人随行。中部下段是宴飨场面。下部画一裸身力士托举大地。整个画面也是围绕着墓主人灵魂升天这一主题，所不同者，仅在此图无女子托月形象，其天关下降至T形竖段上方。画中人物形象仍为侧面，主大宾小，基本平列，服饰体态用于体现人物身份，亦能表现一定情态。线描精细，设色瑰丽，则多同于马王堆一号汉墓帛画。构思安排、艺术水平略逊于前者。

西汉轪侯子墓帛画

的内容是盛大的车马仪仗队场面，表示墓中人的生荣死哀，及其身份和显赫的家势。

马王堆汉墓的随葬帛画，内容丰富，极富想象力；人物造型带有风俗画的性质，写实和装饰相结合，线描规整洒脱，色彩绚烂协调，显示了当时已相当

西汉帛画车马仪仗图。全图表现出绘画表达能力已发展到一个新的阶段。

高的艺术水平和织绣工艺的高超技术。这是我国绘画现实主义传统的发韧，后来的北魏司马金龙墓随葬漆画与东晋顾恺之的《女史箴图》卷，与之一脉相传。

## 西汉地图保存至今

1973 年 12 月在湖南省长沙市东郊马王堆 3 号汉墓出土了 3 幅绘于帛上的地图：地形图、驻军图和城邑图，前两幅保存较完整。这些图件均为汉文帝十二年（前 168）之前制作，迄今至少已有 2160 年的历史，经整理复原，成为举世罕见的珍品。

西汉地形图

地形图为边长 96 厘米的方形地图，上南下北，范围大约在东经 111° ~ 112° 30'，北纬 23° ~ 26° 之间，包括相当当时长沙国南部地区（今湖南南部、广东北部和广西东北部），中心城镇为深平，故可称为《长沙国深平防区地形图》。其概略比例为 1:170000 ~ 1:190000。图的内容丰富，绘画精细。如用按水流方向由细到粗的渐变线表示了湘江水系的 30 多条河流，其中至少有 9 条标注了名称，有的名称如泠水、深水、春陵水等沿用至今；用方框符号表示了 8 个县城；用大小不等的圆圈表示了 70 多个乡、里级村庄。还绘有县城之间，县城同乡里，乡里之间和山间小路共 20 多条。山形线的表示方法独特，如用鱼鳞状图形和月牙形符号分别显示浑圆丘岗和突出山嘴，中有一处其两侧注有"帝舜"二字，向南绘了 9 个高矮不同的柱状符号，表

西汉驻军图

示 9 个山峰。相传帝舜葬于九嶷山，故知该群山即九嶷山。该图以 3 种颜色绘制，位于图幅左上方的珠江口以田青色绘画，道路用淡赭色描绘，其余内容均以黑色表示。图上注记的字体为篆隶之间的过渡体。

将该图和现在地形图对比，可发现河流骨架、流向、河系平面图形等均大体相似。图上的山脉座落、山体轮廓、范围及走向也大体正确。说明当时已有了较准确的测量技术，也纠正了过去人们认为西晋以前的地图不绘名山大川、不按比例尺制图等传统看法。

驻军图是一幅长 98 厘米、宽 78 厘米的军事地图。其范围是地形图的东南部分，主区比例是 1:80000 ~ 1:100000。该图以地形图为基础制成，军事内容突出。图中以黑色套红标志了 9 支驻军（4 支徐都尉军、2 支周都尉军、2 支司马德军、1 支桂阳军）驻地，非常醒目。并以红色标出整个防区的范围，设在防区中央偏后的指挥部则以红色三角形标示，旁边还绘有一个储水池。另外，还以黑红勾框标出了"留封"、"满封"、"武封"等前哨警戒部队。用箭楼状和台柱形符号标示城防工事，靠近河流，注有"甲钩"、"甲英"、"甲攸"等字样的尖状符号则表示后勤基地，而且这些军事要素都用红色描绘。前沿通向敌方的道路也当作军事内容用红点表示，秘密通道还注有"复道"字样。图上还画了 49 个有名称的居民点，圈内注地名，旁注户数。其中有的还注"不反"、"今毋人"等字样。前沿地带的村庄，如"胡里"旁注"并路里"，反映了当时屯边并村的边防措施。在前沿通往防区外的道路还标注了村庄之间的里程，如在"封里"旁注"到廷五十四里……到袍廷五十里"。

总之，驻军图的发现表明，汉代军用地图已经形成了独立的体系，各种制图、标图技术已经相当规范化。

马王堆出土的西汉地图是中国，也是世界上现存最早的实测彩色古地图，

它证明中国汉代在测量技术、绘图技术、符号设计、制图原则等方面已经达
到了相当高的水平。

## 马王堆汉墓漆器代表汉代漆工艺水平

1972 ~ 1974 年，在长沙马王堆出土的西汉初期长沙国丞相轪侯利仓及其
家属的墓葬，有大量形制多样、工艺精巧、保存完好的漆器。这些漆器代表
了汉代漆工艺的水平。

漆器是我国古代一项独创性发明，用漆树的分泌物漆醇涂饰器物而成。
漆醇形成的漆膜对器物有保护作用，而且美观精致，经久耐用，作为饮食器皿，
比青铜器更具优越性。故为汉代统治阶级所爱好，制作极盛。马王堆出土漆
器共约 500 件，一号墓 184 件，15 个品种，三号墓 316 件，12 个品种，有盛
放食物的鼎、盒、盘、盆；盛酒的钟、圆壶、方壶；生活用具几、案、屏风、
厄林、耳杯；盥洗用具匜、沐盘；梳妆用具有方、圆奁盒等。其中漆耳杯占
漆器总数的一半以上。

漆器大部分是木胎，只有少数奁和厄是夹苎胎。木胎的制作有轮旋、割削和
剜凿、卷制 3 种，不同器形分别采用不同的方法。夹苎胎先用木头或泥土制成器
形，作为内模，然后用多层麻布或缯帛附于内模上，逐层涂漆，干实后，去掉内
模，剩下夹苎胎，用的是脱胎法。漆器的装饰花纹多为漆绘的红、黑和灰绿等色。

马王堆出土漆耳杯

纹样则以几何纹为主，龙凤纹和草纹为辅。施花
纹时有漆绘、油彩、针刻、金银箔贴等几种方法。
漆绘用漆液加颜料在已涂漆的器物上描绘图案，
色泽光亮，不易脱落；油彩用油汁调颜料绘描在
已涂漆的器物上；针刻是用针尖在已涂漆的器物
上刺刻花纹，有的刻缝中填入金彩，类似铜器上
的金银错效果；金银箔贴是用金箔或银箔制成各
种图纹，贴在漆面上，呈现"金银平脱"的效果。

轪侯在汉朝的公侯序列中极其微不足道，
仅领有民户 700，和万户大侯相比，小得可怜，

**027**

但作为第一代轪侯的利苍在汉初为相封侯前后只 8 年，墓葬中就置有几百件精美的漆器，造型完美，色彩绚丽，由此可窥见西汉髹漆工艺的一斑；保存得那样完好齐备，更是我们了解当时漆器工艺以及饮食日用制度习俗的宝贵资料。

大汉盛世

## 马王堆汉墓医书

1973 年底，湖南省长沙马王堆 3 号汉墓出土了大批帛书及竹木简牍。其中与医学有关的帛书共 14 种，合称《马王堆汉墓医书》。3 号墓墓葬年代是汉文帝十二年（前 168），根据书写字体考察，其抄写年代约在公元前 4 世纪末或 3 世纪初。

这批医书分别书写在大小不同的 5 张帛和 200 支竹木简（其中木简 10 支）上，出土时已有不同程度的残缺或损坏，后经拼缀修复及辨认研究，估计总字数约 3 万字左右，可辨认字数约 23000 字。原书本无名，马王堆帛书整理小组根据内容分别定名为：《足臂十一脉灸经》、《阴阳十一脉灸经》甲本、《脉法》、《阴阳脉死候》、《五十二病方》（以上 5 种合为一卷帛书）、《却谷食气》、《阴阳十一脉灸经》乙本、《导引图》（以上 3 种合为一卷帛书）、《养生方》、《杂疗方》、《胎产书》（以上 3 种各为一卷帛书）。上述 11 种医书中，《阴阳十一脉灸经》有两本，文字基本相同，故帛书医书实为 10 种。竹木简医书共有 4 种，其中竹简医书有《十问》、《合阴阳》、《天下至道谈》3 种，木简医书有《杂禁方》1 种。

《足臂十一脉灸经》和《阴阳十一脉

《五十二病方》。长沙马王堆汉墓出土的《五十二病方》，是已知最早的医方专著，记载了五十二类疾病和二百八十多个治疗药方，用药二百四十三种，而且已经有了辨证施治的思想萌芽，反映当时的临床经验医学已发展到一定水平。

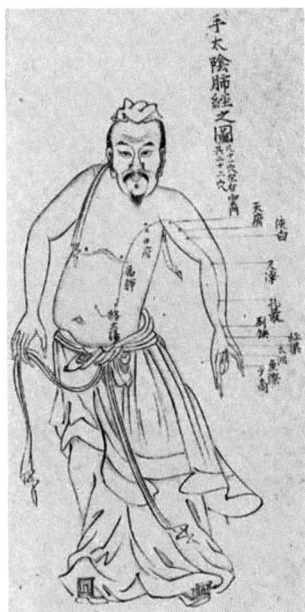

手太阴肺经。人体营卫之气运行的起始之经，平旦（寅时）人体营卫之气始出于手太阴肺经。

灸经》，全面论述了人体十一条经脉的循行走向、所主疾病和灸法，为现知最早专论经脉的文献，被认是《灵枢·经脉》的祖本。《脉法》可辨识部分，主要记述运用砭法在脉上排泻脓血来治疗痈肿。《阴阳脉死候》是古代诊断学著作，讲述"五死"病候，与《灵枢·经脉》篇相近。估计著作年代应早于《内经》。

《五十二病方》是马王堆医书中内容最丰富的一种，也是我国已发现的最古医方。记载了52类疾病，包括内、外、妇、儿、五官等各科病症103种，其中70%以上是外科病，外科成就最为突出，可被看作当时的一部外科著作。该书首先介绍了16种外伤病症的治疗方法，用十分精炼的文字确切地表述了破伤风的病因和临床特征，反映了当时对这种病的认识水平，最能反映《五十二病方》外科成就的是书中对麻风病的发病机制和症状的具体、生动描述和对腹股沟斜疝的治疗技术。认为麻风病是由虫侵入人的机体，就像螟啮食植物一样，发病没有定处，鼻、口腔、齿龈、手指处均可出现，能使人鼻缺、指断，用这种生动形象的比喻对其病因病机论述得十分深刻，反映了当时医学家对麻风病细致的临床观察和认识水平。腹股沟斜疝是儿童和体力劳动者的一种多发病，它由先天或后天因素造成腹膜鞘状突不能闭塞，当腹压增大时，腹腔内容物逐渐通过内环坠入阴囊而形成此病，《五十二

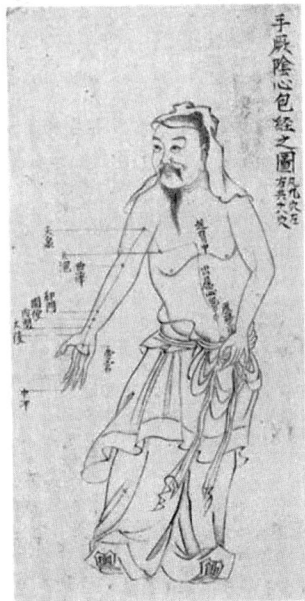

手厥阴经。马王堆帛书《十一脉灸经》只载有十一条经脉。图为清代精钞本《凌门传授铜人针灸指穴》中的《手厥阴心包经图》。

**029**

病方》采用一种非常巧妙的疝内容物还纳法，实质上与现代疝气带、疝气罩十分相似，其手术治疗方法也非常高明，操作也很简便：先将睾丸向上推开，以免刺伤，再向下引拉疝突部位的皮肤，用砭针穿刺周边，再用药汁药膏涂抹并用火灸灼穿刺部位，这样内环局形将形成较大的瘢痕，使先天性或后天性孔道闭塞，腹股沟斜疝便可治愈。这一治疗方法是医学史上的一项重大创举，足以反映当时医家的高超技艺。《五十二病方》记载了多种外科疾病及治疗方法，尤其是以痔瘘治疗方法最丰富多彩，除内服、外敷药物和药汁熏蒸、药物烟薰，手术切除法也形式多样，而且技术最为娴熟，所创环切术与欧洲人怀特氏 1877 年所创痔瘘环切术相比，其高明的程度不得不令人瞩目！除了以上这些突出的外科成就以外，书中对许多外科病皮肤病等都列举了治疗药方，少则一二方，多则二三十方，共计 291 方，治疗内容也十分多样，包括药物、灸法、砭石、手术等等。

　　《却谷食气》是现存最早的气功文献之一，而《导引图》则是现存最早的导引图谱，描绘了 44 种表现各种导引姿势的彩图，每图均标有所治疾病或所模拟动物的名称。《胎产书》也是现知最早专论妇产科的医学文献，内容包括求子、养胎、产后处理等。其中"十月养胎"之说即后世"徐之才逐日养胎方"的祖本。《十问》、《天下至道谈》、《合阴阳方》及《养生方》、《杂疗方》的主体部分属房中类医书。《杂禁方》、《养生方》和《杂疗方》的部分内容属巫术方。这些医学文献有很高的价值，值得我们倍加珍视。

# 西汉

157B.C. 汉文帝后七年

六月，文帝死，皇太子启嗣位，是为孝景皇帝。

《书》、《诗》等各经博士陆续设置。

156B.C. 汉孝景皇帝刘启元年

四月，遣使与匈奴和。景帝年间匈奴无大规模入侵。

154B.C. 汉景帝三年

正月，吴王刘濞、济胶西王刘卬、胶东王刘雄渠、甾川王刘贤、济南王刘辟光、赵王刘遂，并南结闽、东越，北连匈奴，起兵反，史称"七国之乱"。二月周亚夫大破吴楚军，吴王走死，楚王自杀，胶西等四王亦皆败死。

晁错力主削藩，吴楚七国遂以"清君侧"为名作乱，迫景帝腰斩晁错于长安。

152B.C. 汉景帝五年

天文历算学家张苍卒。苍，河南阳武（今河南原阳东南）人。曾搜集整理《九章算术》，《汉书·艺文志》载其有天文论著十余篇，今佚。

151B.C. 汉景帝六年

文学家邹阳约于是年作《狱中上梁王书》。其文纵横善辩，《汉书·艺文志》列为纵横家。

159B.C.

罗马人开始使用水钟（漏壶计时器）。

153B.C.

罗马因西班牙人起义，遂定制执政官自1月1日就职（以前为3月15日），自是1月1日为一年行政的开始。

## 周亚夫屯军细柳

汉文帝后六年（前158）冬，匈奴大举侵掠汉朝边郡，文帝任命河内太守周亚夫为将军率军在细柳扎营。

周亚夫（？~前143），沛县（今属江苏）人。汉初太尉周勃之子。开始时被封为条侯，后升任河内太守。汉文帝后六年（前158）匈奴军臣单于各以3万骑兵大举袭扰汉朝北部上郡、云中两郡，烧杀抢掠，战火蔓延至甘泉、长安。为拱卫京都安全，汉文帝于是任命河内太守周亚夫为将军，在细柳（今陕西咸阳西南）驻军；以中大夫令免为车骑将军，驻军飞狐；苏意为将军，驻军句注；将军张武驻守北地；宗正刘礼为将军，驻军霸上；徐厉为将军，驻守棘门。以防备匈奴骑兵的袭击。

周亚夫驻军细柳，军纪严整。当时，文帝为鼓舞士气，亲自劳军。至霸上和棘门军营，皇帝车辇迳自驶入营垒，将军以下骑马迎送。当文帝到细柳劳军时，军官和士兵披甲胄，手持兵刃，引弓待发。文帝的先头人员到达却不能入内，先头人员说皇帝马上就要到达，军门都尉答说，将军有令，军中只听从将军命令，不能听命于天子之诏。等到文帝车辇到达，也不得进入营门。于是文帝派人持节诏令将军，说我想入营劳军，周亚夫才命令军吏打开壁门，皇帝车辇才得以进入营门且减速慢行。

亚夫以军礼拜见文帝，文帝也完成了劳军之行返回。一出军门，随行群臣都感到惊讶。文帝说，这才是真将军啊，刚才霸上、棘门驻军就像儿戏，刘礼和徐厉这样的将军，敌人可以袭击俘虏，至于周亚夫，敌人还敢侵犯吗？！此后不久，匈奴退兵，文帝于是任命周亚夫为中尉。

# 汉文帝去世

汉文帝像

汉文帝后七年（前157）六月，文帝去世。文帝在位23年，终年46岁。遗诏丧事从简，让天下官员百姓悼念3日即释服，不禁婚嫁、

祠祀及饮酒食肉，葬于霸陵（今西安西北）。太子启即位，是为景帝。

西汉初年，为稳定政治与社会，发展农业生产，汉高祖、惠帝及吕后都采取休养生息政策。文帝即位后，更倡导以农为本。在位期间，进一步推行轻徭薄赋、约法省禁政策。先是减轻田租，由十五税一改为三十税一，甚至曾免收田租12年。又减算赋，将过去百姓年15至56岁，每人每年须交120钱之规定，减为交40钱，徭役也有所减轻，将原来1年一更改为3

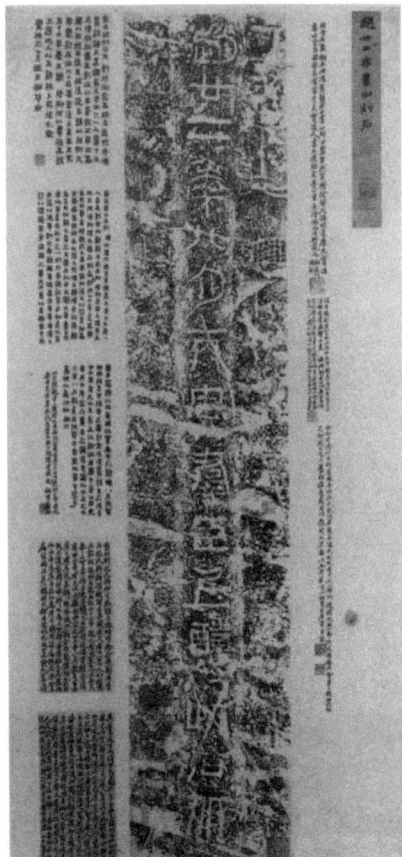

刘恒去世前1年群臣上寿刻石。汉初篆体。

**033**

年一更。文帝还一再下令列侯回自己的封国，以减免戍卒保障供给运输的辛劳。同时，减轻刑罚，废除收孥连坐法和肉刑法。此外对于汉朝边远地区少数民族采取和睦相处政策，与匈奴和亲，柔抚南越。诏举贤良方正，能直言极谏人士，任人唯贤。提倡节俭，在位23年，宫室、园囿、车骑、服御没有什么增加，身穿粗厚的衣物。所宠幸的慎夫人，也衣不拖地，帷帐也没有用文绣装饰，以示敦朴，是为天下先。修造霸陵时，不用金、银、铜、锡来粉饰，而采用瓦器，顺其山形修造而不起坟。史称文帝时"非遇水旱之灾，则家给人足。都鄙廪庾皆满，而府库余货财。京师之钱累巨万，贯朽而不可校。太仓之粟陈陈相因，充溢露积于外，至腐败不可食。众庶街巷有马，阡陌之间成群"。其推行的休养生息政策，恢复和发展了汉初的社会经济，因而旧史将文帝与景帝时期并称为"文景之治"。

## 汉景帝即位

汉文帝后七年（前157）六月，汉文帝去世，刘启即皇帝位，是为景帝，尊皇太后薄氏为太皇太后，皇后窦氏为皇太后。

景帝时继续实行"休养生息"政策，一方面元年（前156）五月诏令进一步减轻农民负担，重新收取田租之半，三十而税一，自此成为汉朝定制，从而使农业生产得到恢复和发展，人口逐渐增多。另一方面，景帝时又继续推行减除严刑苛法的措施。元年五月诏令减笞法，规定笞500的减为300，笞300的减为200。中六年（前144），又下诏减笞300为200，笞200为100，并规定了笞箠的标准等。自此开始，受笞者能够得以保全肢体，缓和了社会矛盾和阶级

汉景帝刘启像

矛盾。此外，景帝为加强对臣属的约束，元年七月，认为当时法律条文中关于官吏接受下属贿赂的处罚轻重不当，下诏命令廷尉和丞相重新讨论官吏贪赃的律令，在一定程度上使官吏贪赃枉法行为有所收敛。并且，景帝时还进行"削藩"，平定吴楚七国之乱，把诸侯王任免官吏的权力收归中央，巩固了中央集权。而对于北部边郡的匈奴，继续采取和亲政策，历史学家将景帝统治时期与文帝时期并举，誉称为"文景之治"。

四神青龙纹瓦当。古曲大型建筑在构件上设计驱邪的形象，称之"厌胜"。最典型的是使用四神形象。四神也叫四方神，即四种神化了的动物青龙、白虎、朱雀、玄武。

## 石门十三品暨摩崖刻石大观

石门是褒斜道南端人工开凿的一条隧道，石门洞东壁长16.5米，西壁长15米，北道口高3.75米，宽4.1米，南道口高3.45米，宽4.2米，

石门石刻展室

石门展室摩崖石刻

大汉盛世

其宽度可容两辆车通行。

石门隧道最早开于汉明帝时，在褒谷西岸，与谷并行，系人工开凿的穿山隧道。该隧道不是用火药炸开，钢钎凿开，而是用"火焚水激"的办法，因为据实际观察，在石门内壁并无凿、斧、钻之类的工具所留下的痕迹。这在当时科学技术不发达的情况下是行之有效的办法，它反映出古代劳动人民卓越的才智。

在石门内和石门南北的山岩上，有历代摩崖石刻达百余处，其中以"汉魏十三品"最为有名，为历代考古学家、书法家所推崇，誉满海内外。清代书法家罗秀书观石门汉刻赞曰："其古恒也，如龙蟠深壑而其鳞角权丫；其飘逸也，如凤舞晴空而其羽毛鲜丽。"在十三品中，汉刻八品，曹魏和北魏各一品，宋三品。

其中"石虎"摩崖，旁刻"郑字真书"4字，传为郑子真垂钓处。郑子真是西汉成帝时人，家居褒谷口，隐居不仕，常在此处钓鱼。研究者有疑为后人所刻。

## 汉代"气"的思想定型

气的运行从另一个途径丰富了战国"易"的思想，气作为本体，特别是运动、变易的本体可以规范和具体化"易"，但似乎这是使问题更复杂而又没有取得真正的进展。

元气的最早提出可能是管子（他称之为精气，万物都具有的一种东西，但我们可以认为他讲的是物理构成），孟子也有所谓气（但多半指的是人的精神），但是在战国人那里，气已不是简单的物理和生物气，而是一个范式。

可以把五行、阴阳乃至原子（在墨子和惠施那里有逻辑的原子概念，但没有足够的证据说他们认为世界是由原子构成的）看作组合范式的具体形式，看作战国文明用组合结构规范对象，那么气就是变换的范畴，气指的是万物之间的变化的方式，气的运动、聚散、流布就构成一切具体事物（包括本原），而它们是可以用组合（如五行、六十四卦）来规范的。此时气与五行是并列的范式。

在西汉，气上升为本体，也就是主导范式的绝对化，气被孤立出来成为对象，并被用变化、生成的方式研究，就构成了绝对的性质。这时组合范式（卦、五行、阴阳）不再是与它并列的图式。

## 晁错被杀·七国叛乱

汉景帝三年（前154）正月，吴、楚等7诸侯国叛乱，"智囊"晁错被杀。

汉初，高祖刘邦因兄弟少，诸子年纪小，又不相信异姓王等原因，大封同姓为王，并与群臣盟约"非刘氏而王者，天下共击之"。经过几朝的演变，到景帝时齐、楚、吴三封国几占天下之半。且吴国拥有江苏53县，盛产铜、盐，吴王刘濞"即山铸钱，煮海水为盐"，使吴王钱币满天下，"富埒天子"，且军力强大。吴王骄横，早就畜谋叛乱。文帝时，晁错曾数次上书请求削减吴王封土。景帝即位，吴王更加骄横，晁错又上《削藩书》，明确指出现在的形势是削藩诸侯王会反叛，不削藩他们也同样反叛。如果削藩，他们会马上反叛，麻烦小些，如果不削藩，他们的反叛会迟延，麻烦反而大些。景帝采用晁

晁错像

错之策，将楚王东海郡、赵王常山郡、胶西王六县削去。前三年（前 154）正月，又将吴王会稽等郡削去，激起诸王强烈反对。吴王刘濞与胶西王刘卬约定反汉，一旦事成，吴王与胶西王分天下而治，此后吴王即联合楚、赵、胶西、胶东、菑川、济南等 6 国，以"诛晁错、清君侧"为名，发动武装叛乱，史称"七国之乱"。吴王还同时谋杀了吴国境内汉中央所设置的二千石以下官吏。吴王亲率吴楚联军 20 余万人西征。胶西、胶东、济南、菑川 4 国合兵围攻忠于汉廷的齐国。赵国则暗中勾结匈奴，起兵反叛。面对声势汹汹的 7 国叛军，景帝轻信了晁错的政敌袁盎之言，以为除掉晁错，退还削地，就可使 7 国罢兵，于是将晁错在长安东市斩杀，并派袁盎去谈判求和。但景帝这一举措并没有能平息 7 国的叛乱，吴王刘濞自称东帝，不肯罢兵，7 国之乱反而愈闹愈大。

## 周亚夫平定七国之乱

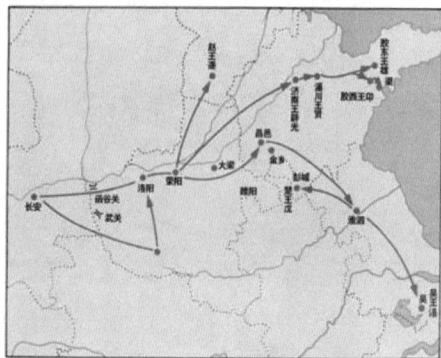

七国之乱图

汉景帝前三年（前 154）正月，吴、楚等 7 国起兵反叛，三月，太尉周亚夫率军平定。

景帝误杀晁错于长安东市后，悔恨之余，决定以武力平叛，于是派遣太尉周亚夫统领 36 将军率兵征讨，迎

西汉兵士立俑。俑为兼任弓弩手之持械武士。

伍伯画像砖。为浮雕官吏出行队伍的前驱伍伯六人，跨步飞奔，表现出行行列威武气氛。

西汉鎏金带翕鸳鸯戈。钩击兵器。援弧形上扬，下刃前端较宽，援脊略突，刃锋利。长胡三穿，直内。内上近阑处贯穿一鎏金短筒形翕，翕上端饰一只蹲伏回首之鸳鸯，用以冒柲。戈身除援的刃部，内的周边外，遍饰黑色蛇皮斑纹，并具鎏金长筒形鐏，中腰饰凸弦纹一周，鐏中遗有积竹柲残段。

徐州出土西汉楚王墓兵马俑

击吴楚联军，并派郦寄击赵、栾布击齐地诸国。

其时，吴王亲率吴楚联军20余万将粮仓设在淮南的东阳，而以主力渡过淮水，向西进攻。同时，胶西、胶东、济南、*川等4国合兵围攻忠于汉中央政权的齐国。赵国也在暗中勾结匈奴。二月，周亚夫采纳赵涉建议，从武关出兵抵洛阳。当时吴楚联军正猛烈进攻梁（今河南开封），亚夫不救，并率兵向东北走昌邑（今山东定陶东），以坚壁固守的战术，避免与叛军作正面接战，并派精锐骑兵突入敌后，夺取泗水入淮口，截断叛军的后勤补给道路，使其陷入困境。加上吴楚联军多为步兵，习惯在有险阻之地战斗，汉军多是车骑，擅长于平地作战。而战事在淮北平原上进行，对吴楚军显然不利。吴楚联军连战无功，士气低落，供应短缺，又无法越过梁国坚守的睢阳（今河南商丘南）。吴楚联军于是北进至下邑以求和亚夫军一战，结果一败涂地，土卒饿死、投降、失散很多，只得退走。亚夫立刻挥兵猛追。三月，吴王刘濞残部数千人退守丹徒（今江苏镇江），被东越人所杀。楚王刘戊也兵败自杀。其他诸王为栾布和郦寄所逼，有的被杀有的自杀。历经 3 个月的七国之乱遂被平定。

七国之乱的平定，巩固了削藩政策的结果，在很大程度上解决了汉高祖分封同姓王所引起的矛盾，并为日后汉武帝以推恩令进一步解决诸侯王国问题创造了必要的条件。

# 西汉

150 ～ 140B.C.

**149B.C. 汉景帝中二年**

经学家辕固治《诗》为博士，创立今文诗学之"齐诗学家派"。

**144B.C. 汉景帝中六年**

诏定六百石以上长吏车驾衣服制度，官尊者车盖为帛，色则皂，卑者为布，色则白。

经学家韩婴约是年前后任常山王太傅，治《诗》，创立今文诗学之"韩诗学"。

**143B.C. 汉景帝后元年**

蜀郡太守文翁于景帝末兴学成都，招收属县子弟入学。是为由地方政府最早创办的官学。文翁复遣张宽赴长安，就学于博士，受儒家《七经》，学成归蜀教授，于是蜀学比于齐鲁。

**141B.C. 汉景帝后三年**

正月，诏劝农桑；禁官吏发民采黄金、珠玉。

景帝死，皇太子刘彻嗣位，是为世宗孝武皇帝。

**140B.C. 汉世宗孝武皇帝刘彻建元元年**

十月，武帝亲策贤良方正直言极谏之士，不取法术、刑名及纵横家。董仲舒对策，请黜刑名，崇儒术，兴太学，令郡国岁贡士。

卫绾免相，以外戚窦婴为丞相，外戚田蚡为太尉，大倡儒术。

**149B.C.**

罗马第三次对迦太基战争，向迦太基进攻。围攻三年卒陷迦太基。第四次对马其顿战争（前149～前148）。马其顿人安德里斯古，利用群众对罗马之不满情绪，举兵谋推翻罗马统治，群众急起响应，但不久为罗马所败。

**148B.C.**

罗马对马其顿之第四次战争结束，马其顿败，成为罗马之一省。

**146B.C.**

罗马与希腊之阿基安同盟战，不久即取得胜利，毁灭希腊商业中心之科林斯城，罗马各国由七个行省组成。

**143B.C.**

罗马对卢西坦尼亚战争（前143～前133）。西班牙居民对罗马统治之不满情绪终于爆发为卢西坦尼亚战争，延续十年之久。

**140B.C.**

迈洛的维纳斯雕像成，克拉泰斯发明地球仪。

**041**

## 汉景帝诏谳疑狱

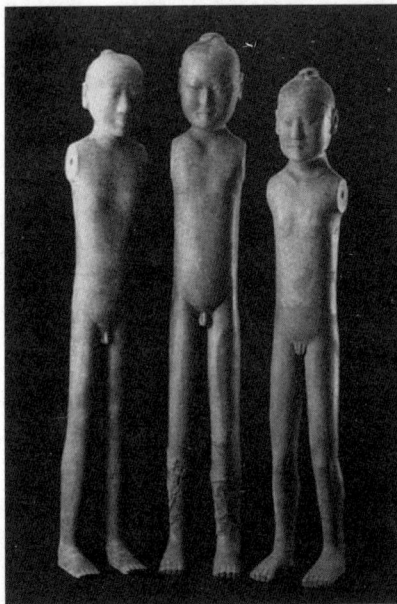

西汉羽人驸马玉雕。这件玉雕精品，是西汉案头陈设性雕塑的优秀典范之一。反映了当时祈求，幻想升仙的思想风尚。

汉景帝墓出土的彩绘陶俑

　　汉景帝中五年（前145）九月，景帝诏令对案件审判不服者，可以要求重新审判。

　　刘邦建立汉朝后，引以为诫，全数废除秦严刑苛法，约法三章，并于高祖七年（前200）诏令御史：案件的审理有疑难的，地方官有的不敢决断，对有罪的人长时间不能定罪，将无罪的人拘留关压起来而不释放等，其实是案件审判人员的失职。今后，有疑难的案件审理，要上报给所属二千石官，二千石以其罪名上报。二千石官不能断定判决的案件须移交廷尉，廷尉也应上报。廷尉不能审理判决的案件要具奏皇帝裁决。景帝中五年（前145）九月，景帝以为制定法令的目的在于禁暴止邪，案件的审理关系百姓生死，死者又

汉景帝墓彩绘陶俑出土情景

不能复生。有的官吏不遵守法令，收受贿赂，狼狈为奸，严刑逼供，使无罪者失去自由，值得同情，而有罪的人又不能认罪服法，理所不该。因而诏令，凡有对案件的审理裁判不服的，可以要求重新审判。景帝后元年（前143）正月，又下诏重申审判有疑惑的案件。诏令将有疑惑的案件送有司审判。有司所不能裁决的重大案件，则可向上呈报廷尉处理。有要求重新审理而后又觉得不妥当的，也不追究申请审判的人的过失。诏令要求案件审判人员必须首先宽以待人。

# 卓文君夜奔司马相如

汉景帝中六年（前144），卓文君深夜投奔司马相如，演成千古佳话。

司马相如（约前178～前117），汉代著名辞赋家。字长卿，蜀都成都（今属四川）人。年轻时热爱读书，学习击剑，景帝初为武骑常侍，不得志。当时梁孝王刘武入朝，随行的人多喜爱文学之士，相如很喜欢和他们在一起，于是辞职到梁国游学，成为梁孝王门客。他在梁国生活时撰写《子虚赋》，竭力铺陈诸侯王宫苑的豪华壮美及游猎时的声势，构思宏伟，词藻华丽，成为西汉大赋的代表作。景帝中六年（前144）四月，梁

文君当垆卖酒图

孝王刘武去世，司马相如失去依靠，便返回蜀地投老朋友临邛（今四川邛崃）地方官王吉，王吉以上宾之礼接待他。临邛富翁卓王孙以铸冶发家，见司马相如为县令贵客，于是设宴相邀。卓王孙有女儿文君，擅长演奏鼓琴，丈夫死后回娘家居住。司马相如一见钟情，以"琴心"挑动卓文君，又买通文君侍女以通讯息。文君于是深夜投奔相如，一同奔往成都。不久因家境贫寒无以为生，又一同返回临邛，开设酒店卖酒维持生计。卓王孙深以为耻，不得已送给他们家中佣人百人、金钱百万及出嫁时的衣服被褥杂物等。司马相如、卓文君于是能够在成都置办田地和房屋，成为有钱人。此后武帝爱惜相如才华，召他从事作赋之事，并任命他为郎，后又任命他为中郎将。

## 毛公传毛诗学

　　《诗经》是中国最早的一部诗歌总集，汉代更被列为儒家经典。汉代传诗风气盛行，有齐、鲁、韩、毛四家，其中毛亨（大毛公）所传诗学称毛诗学，重要著作有《毛诗诂训传》30卷。

　　毛亨（大毛公）为秦汉间人，生卒不详。一说西汉鲁人，一说河间人。相传其诗学传自荀卿，西汉初期开门授徒，所著《诗诂训传》传之赵人毛苌（小毛公），是"毛诗学"的开创者。毛诗学典籍《毛诗诂训传》全书以解释字义为主，章句训诂，大抵采用先秦学者的意见，取自先秦群籍。如释《既醉》、《昊天有成命》等篇，取自《国语》；释《葛覃》、《草中》等篇，义见《礼记》；释《行露》篇言"淄帛五两"，取自《周礼》。还有不少说法取自《论语》、《孟子》等书。《毛诗诂训传》在训诂体例方面，或统释全篇于首章，或统释全篇于末章，或明假借，或释虚词，或以今语通古语，或以今义通古义，特别注重诗"经夫妇，成孝敬，厚人伦，美教化，移风俗"的社

讲经书像砖

会作用。而且在"赋、比、兴"三体中，独标"兴"体，通过对诗歌语言的阐述，帮助读者领会诗义。《毛诗诂训传》在论述诗言志的特点时，还分析了《诗经》的《国风》、《雅》、《颂》三体的性质，并把《周礼》所称的"六诗"——风、雅、颂、赋、比、兴改称"六义"。毛诗学是汉初传诗四家中唯一属古文经学的，东汉后受政府重视，章帝时更立于官学。东汉末年，郑玄作《毛诗传笺》，在《毛诗诂训传》的基础上作了进一步的阐发、补充和订正，使毛诗学更为流行，其余三家诗则日渐衰微。唐代孔颖达作《毛诗正义》，在《郑笺》和《毛传》的基础上，汇集了汉魏、两晋南北朝研究诗的成果，进一步提高了毛诗学的地位。清代陈奂作《诗毛氏传疏》，疏解就更为完备了。毛诗学以《毛传》、《郑笺》及《正义》为代表。《毛诗诂训传》对器物和典章制度的诠释，因为言必有师承，所以为历代古文派学者所尊奉；而它重"诗教"的宗旨，又与儒家所提倡的温柔敦厚的思想一致，所以《毛传》又成为儒家的典籍。《毛诗正义》更属唐初官修的《五经正义》之一，从唐代至宋初，明经取士，都以此本为准，毛诗学解诗，因为从封建伦理道德出发，常常牵附史事，以史证诗，往往歪曲诗篇的主旨。这是毛诗学的缺陷。

## 蜀太守文翁最早兴办地方官学

　　西汉景帝时的蜀郡太守文翁，是我国历史上最早兴办地方官学的人。

　　文翁为改变蜀地文化落后于中原的状况，亲自挑选了10余名聪敏有才者，派往京城，有的随博士学习，有的学习法律。他节省府库开支，购买蜀中特产赠给博士以表酬谢。几年后，这些人学成后返回蜀郡，文翁均予以重用。他又在成都建起学舍，招收下属各县的子弟入学，免除他们的徭役，学成后，从中择优选拔录用。文翁平时巡视各县时，让高才弟子随行，代为传达教令，以此给弟子增添荣耀。于是各地吏民争先恐后地送子求学，甚至不惜重金谋取弟子资格，蜀地劝学重教的风俗从此形成。

　　汉武帝继位后，推广文翁兴学的作法，"乃令天下郡国皆立学校官"。西汉末年，王莽执政时，于公元3年按地方行政系统设置学校，郡国一级设"学"，县，道，邑，侯国一级设"校"，各配备经师1人。乡一级设"庠"，

大汉盛世

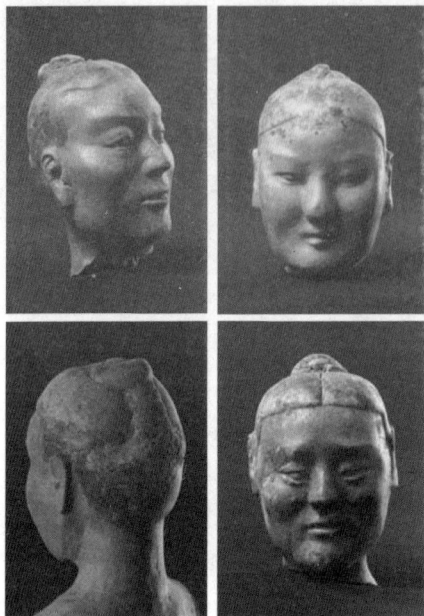

继秦朝而兴的汉朝，使华夏族相对稳定的地域及共同经济文化生活得到进一步加强，"汉人"的称谓应运而生。图为汉景帝阳陵出土陶俑头，具有"汉人"的形象的主要特征。

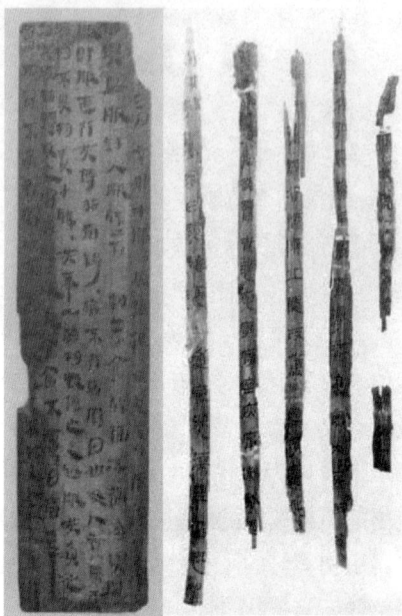

西汉江陵凤凰山木牍

西汉阜阳汉简。西汉初期隶书。

乡以下的基层单位"聚"一级设"序"，各配备《孝经》师1人。

东汉前期，地方教育相当发达，班固《两都赋》中赞颂"四海之内，学校如林，庠序盈门"，正是当时地方学校昌盛的写照。

汉代地方官学的教师是郡国文学掾史。文学官多由学者名流担任，除作为郡国长官的学术顾问外，在有地方官学的地方，还从事教授诸生的活动。汉代碑刻文字中有许多关于地方官学的记载。如《蜀学师恩》等题名碑中，将从事地方官学的人列举得十分详细，教学分工很明确，已与太学相似，这表明了当时文教事业发达地区的状况。

地方官学的主要任务是作为本地从事礼教的中心场所，以地方官学的礼教典范来推动社会风尚的转变，培养学术人才只是次要目的。这种教育一般由地方行政长官主持，地方教育的开展在很大程度上取决于地方长官对教育事业的积极性，不过它是一项良好政绩，可以作为培植自己的政治势力和升迁的资本，所以事业心强的地方长官，也乐于在自己的辖区兴办教育。但这时地方官学的师资的学术水平一般偏低，且盛衰无常，与中央官学没有衔接措施，朝廷对地方官学也没有考试升迁的专门措施，因而各地有志于求学的人，都力争进入京城的太学深造，或拜在有学术造诣的私家大师门下。

## "苍鹰"郅都任中尉

汉景帝七年（前150），以"苍鹰"郅都为中尉。郅都是汉文帝、景帝时期有名的"酷吏"。河东大阳（今山西平陆东）人，以郎事文帝，景帝时为中郎将，敢直谏，在朝会时当面弹劾大臣。当时济南瞷氏大族有宗人300余家，为地方一霸，恃强凌弱、奸猾豪猾犯禁，连二千石的官吏都无法制服他们。于是景帝任命郅都为济南太守。郅都上任后，马上诛杀瞷氏首恶，其他人都震惊不已。一年以后，郡中道不拾遗。郅都为人骁勇、公正清廉、刚正不阿。七年（前150），景帝任命郅都为中尉。时民风朴实，百姓都害怕犯罪而自重，而郅都却为官严厉，执法一事同人，不避贵戚，列侯宗室看见他都侧目而视，称他为"苍鹰"。后任雁门太守时，匈奴闻其名而不敢进犯。因案追究临江王罪触怒了窦太后，被杀。

## 李广智退匈奴

汉景帝中六年（前144）六月，李广巧计击退匈奴。

自汉高祖在白登被围困后，汉代历朝皇帝对匈奴都采取和亲政策，至景帝时，匈奴虽时常进犯汉朝北部郡县，但也无碍大局。景帝中六年（前144）匈奴骑兵入侵上郡（今陕西榆林东南）、雁门（今山西原平北），掠取汉皇室狩猎场的马匹，汉士卒2000余人战死。当时李广是上郡太守，曾与百余骑兵外出巡视，路遇匈奴数千骑兵。李广随从都害怕，想逃走，为李广阻止。李广认为大军离此数十里，如果以百骑逃走，匈奴骑兵勒马追赶，马上就会被斩杀；如果原地不动，匈奴兵会以为是大军的诱饵，必定不敢攻击。于是，李广命令部下前进至距匈奴阵2里左右，下马解鞍，以示不走。匈奴军中有

一名白马将监军，李广率 10 余骑将其射杀于阵前，后回到军中更解鞍纵马，卧地休息。时近黄昏，匈奴骑兵迷惑不解，不敢攻击，以为汉军在附近有伏兵，入夜，匈奴军担心遭受汉大军袭击，于是向北撤退。天亮后，李广率军平安返回大营。

## 孔壁遗书出土

鲁壁。秦始皇焚书坑儒时，孔子九代孙孔鲋将《论语》等儒家经册藏在一堵墙壁中，直到汉代这批所谓"鲁壁藏书"方被发现。

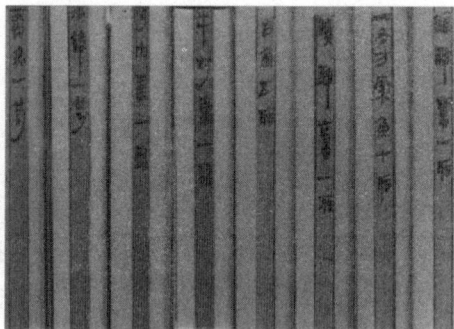

马王堆出土竹简

汉景帝后三年（前 141），曲阜孔壁遗书出土。

汉景帝子刘馀被封为鲁王，设都曲阜（今属山东），鲁王喜欢建造宫室，由于鲁王府与孔子故居紧紧相连，景帝后三年（前 141），鲁王又计划拆毁孔子旧宅以扩建王宫，由于听到宅中有钟磬琴瑟之声，因此中止拆毁工作。但已毁坏部分宅室，并在孔子旧宅的夹墙中发现了一批经传，据判断是秦始皇下焚书令后孔子后人隐藏之物。这批经传用所谓蝌蚪文也即战国时古文字抄写，后人称为孔壁古文经传。据《汉书·刘歆传》和《艺文志》等记载，孔壁所存经传包括《尚书》16 篇、《逸礼》39 篇，以及《论语》、《孝经》等。字句篇章与今文学派所传有些不同。这些经传后来归孔子后裔安国所有。孔安国以今文识读《尚书》，开创古文《尚书》学派的先河。

# 黄老之学昌盛

汉朝初期，与统治集团的"休养生息"政策相结合，黄老之学日渐昌盛。

黄老之学是战国时期的早期道学发展的新阶段，它继承了早期道学的理论，并有所改造和发展。作为道学发展的一个新流派，黄老之学形成于战国末期，兴盛于西汉初期，到汉武帝"罢黜百家，独尊儒术"之后，由盛而衰。所谓"黄老之学"从字面上理解，就是黄帝与老子的学说。但它不是黄帝学说和老子学说的简单拼凑，而是秦汉之际的新道学家假托黄帝立言，改造老子学说，并综合吸收了先秦各家学说重要内容的一种理论体系。

汉初黄老"无为"思想的主要代表是陆贾、盖公，主张"贵清静而民自定"，使统治者少生事少扰民，以利人民休养生息。汉武帝初年，思想家司马谈的《论六家要旨》，则从理论上指出汉初道家黄老之学思想特征，体现这种思想在继承战国末期诸子学说的趋势下发展，从而带有综合诸子思想的色彩。湖南长沙马王堆汉墓出土的《黄老帛书》、《经法》、《十六经》、《称》、《道原》，则是汉初黄老后学的代表作。汉景帝时，淮南王刘安主持编著的《淮南子》，是继承综合诸子思想，并在道家思想为主导思潮影响下出现的学术成果。

据考证，湖南长沙马王堆汉墓出土的帛书是汉初流行的《黄帝书》重要部分，作为汉初黄老后学的代表作，它包含两方面主要哲学思想：天道思想和辩证法思想。

《老子》帛书

汉初黄老后学把"道"作为最高范畴，看作万物本原，又将"道"称为"一"，即客观存在的宇宙万物的总规律，在帛书中黄老后学也吸取了当时的科学成就来说明"道"的客观必然性，《十六经·本伐》中说："道之行也，繇（由）不得已"，强调自然规律对万物起支配作用，不依人的意志为转移。"道"也被黄老后学看成治世的总原则，提出天、人、地三道参合而治，再进而提出"执道"、"循理"、"审时"、"守度"的处事与治世方法。

在《黄老帛书》中最突出的朴素辩证法是阐述阴阳对立转化的矛盾学说，《称》中说"凡论必以阴阳明大义"，即宇宙万物普遍存在"阴""阳"对立。认为矛盾对立的双方中必有主要方面，而由于事物的阴阳矛盾对立双方相互作用，从而使事物运动变化新陈代谢。《十六经·战争》中指出"谋相倾覆"是"天制固然"，即强调矛盾双方斗争的必然与必要，而在肯定矛盾事物会向相反方面转化，强调事物由弱而强的变化后，提出以柔克刚的斗争策略以及"知其雄，守其雌"的原则，深化了老子"柔弱胜刚强"的思想。

在政治上，黄老之学综合名法，道法结合，提出"道生法"，主张恩威并施以利于巩固政权，而它的"清静无为"切合汉初恢复经济的需要，受到统治者重视，成为指导思想，从汉高祖起，至武帝初年60余年间，统治者大多信奉黄老之学，主张"无为"的"有为"。汉初名相曹参，他的后继者陈平都提倡黄老之学，文、景二帝以及参予这两朝朝政的窦太后都是"黄老之术"的尊崇者，足见黄老之学影响巨大。

黄老之学改造了《老子》的道，把它看成客观存在的万物总规律，又指出社会生活中也有客观规律。主张以法治国，赏罚必信，循名责实，也主张用战争来完成国家统一，和"省苛事，薄赋敛，毋夺民时"。

道家重视成败存亡的历史经验，主张清虚自守，卑弱自恃，所以它适应农民战争后的政治形势，适合恢复生产、稳定封建秩序的需要。所以，在汉初统治者的提倡下，黄老之学盛极一时。武帝建元六年（前135）窦太后死，武帝与丞相田蚡渐渐罢黜黄老之言，延揽儒学者加以重用。由此，黄老之学才盛极而衰。武帝时"罢黜百家，独尊儒术"开创了中国历史发展的一个新阶段。

# 汉景帝死·汉武帝立

汉景帝后三年（前141）正月，景帝死，皇太子刘彻继位，是为孝武皇帝。

景帝在位期间继续执行"与民休息"发展生产的政策，封建经济走向繁荣，史书中有"国家无事"、"海内殷富，兴于礼义"的记载，与文帝统治时期并称"文景之治"，为武帝时期国家的昌盛准备了物质条件。

汉武帝统治时期是中国历史

汉武帝像。汉武帝刘彻，前140～前87年在位。他当政期间，中国历史出现历时约50年的一个盛世。

上的一次转变。他在位54年，为以汉族为主体的统一的多民族的封建国家的巩固和发展作出了重要贡献。在政治上，武帝颁行推恩令，制订左官律、附益法，实行"酎金夺爵"，基本上结束了汉初以来诸侯王强大难治的局面；并实行一系列打击地方豪强的措施；创立刺史制度，加强对地方的监督和控制；削弱丞相权力，任用酷吏、严格刑法，建立察举制度，设立太学，加强中央集权的统治力量。在经济上，将冶铁、煮盐、铸钱收归官营；设立均输、平准官，运输和贸易由国家垄断，平衡物价；实行算缗告缗，打击富商大贾；治理黄河、广开灌溉，大力兴修水利；实行代田法，改进农具，促进农业生产的发展。在思想上，采纳董仲舒建议，"罢黜百家，独尊儒术"，使加强君主集权，实现大一统的儒家思想成为封建统治思想。在民族关系上，多次派兵反击匈奴，解除了匈奴对北部边郡的威胁；两次派遣张骞出使西域，实现和发展了与西域地区的经济文化交流；又遣使至夜郎、邛、笮等地宣慰，加强对西南地区的控制和开发；还统一了南越地区，设立南海、苍梧等9郡。武帝时期，

西汉成为亚洲最富强繁荣的多民族国家，也是中国历代封建王朝中强盛的时代之一。

## 董仲舒献天人三策

汉武帝建元元年（前140）十月，汉武帝诏令各地推荐贤良方正直言极谏之人，董仲舒三次上书，献"天人三策"。武帝欣赏仲舒所献对策，任命他为江都相。

董仲舒（前197～前104），西汉思想家。广川（今河北枣强东北）人。青年时期研读《春秋公羊传》，景帝时为博士，"下帷讲诵"，"三年不窥园"，一心钻研孔子学说。曾作《闻举》、《玉杯》、《蕃露》、《清明》、《竹林》等数十篇文章论说《春秋》得失，后合编为《春秋繁露》。他的著作以阐发《春秋》大义为名，并杂凑阴阳五行学说，加以引申改造，建立了一个宗教唯心主义思想体系。其内容进一步发挥天人感应学说，对自然和人事作各种牵强比附，把一切自然现象都说成是上天有目的的活动，强调人的行为必须符合天意，强调汉王朝的兴起正是天意的体现，以论证君权神授。并提出历史循环论的"三统"、"三正"说，把人性分为上、中、下三品的"性三品说"和维护封建统治秩序的"三纲"、"五常"说，为加强封建统治提供理论依据。

建元元年（前140）十月，武帝诏令各地推举贤良方正直言极谏之人，并以古今治国之道及天人关系问题亲自策问贤良。董仲舒以贤良名义上书对策三篇，献"天人三策"。在对策中，董仲舒请罢黜刑名，崇尚儒术，明确教化，广兴太学，让郡国尽心于求贤。根据《公羊春秋》立说，董仲舒在第三策中对道："《春秋》大一统者，天地之常经，古今之通谊也。"其所谓"大一统"，即损抑诸侯，一统于天子，并使天下都来向天子称臣。另外，并提出以儒家学说作为封建国家统治思想，认为凡是不在研习六艺（六经）之科、孔子之术的，都要断他们晋升的道路，不要让他们与儒学之士齐头并进。此即所谓"罢黜百家，独尊儒术"。由于他的言论适应了巩固专制皇权的需要，也有利于维护统一的封建帝国的统治秩序，因而受到武帝赏识。

# 中国开始使用年号

汉景帝后三年(前141)正月,景帝刘启去世,皇太子刘彻继位,是为孝武帝。第二年(前140)十月,武帝定年号为"建元元年",此为中国历史上使用年号的开端。

自古以来中国的帝王没有年号,其纪元有的以一、二、三、……数计,有的以前一、二、三……,中一、二、三……,后一、二、三……数计。武帝继位时有司上奏认为:元应当采用天瑞,不应以一、二数。一元叫"建",二元以长星称"光",现在城外得一角兽叫"狩"。于是武帝以"建元"为年号,并以前140年为建元元年。(也有人认为中国年号发端于元鼎四年(前113),武帝即位后的建元、元光、元朔、元狩等年号都是后来追纪的。)自此,中国历史上开始使用年号。皇帝年号这种纪年名称一直沿用到辛亥革命。

# 《大戴礼记》编成

《大戴礼记》,是一部有关中国古代礼制的文章汇编,与《礼记》大体同时完成。西汉戴德编。

戴德,字延君,西汉时梁人,曾与沛名人通汉、庆普、戴圣等一同师从后仓研习礼学。当时人们称戴德为大戴、戴圣为小戴。汉宣帝时,以博士为信都王太傅,并以徐良为师接受了徐氏的学术思想。

相传戴德从当时所存的战国以来的孔门弟子及后学说礼的文章131篇中捡得130篇,加上日后所得的《明堂阴阳记》33篇、《孔子三朝记》七篇、《王氏史记》21篇、《乐记》23篇,共214篇,将重复和繁难的文字删除合编为《大戴礼记》85篇。由于东汉末郑玄为戴圣所编《小戴礼记》作注,使《小戴礼记》成为独占"礼记"之名的"三礼"之一,《大戴礼记》被认为不符合圣人的

大汉盛世

思想而没有得到广泛学习和传播。北周时卢辩才为它作注,至唐代已亡佚47篇,而《夏小正》一篇有许多单行本流传,实际残缺46篇,仅存39篇。宋淳熙刊本复收《夏小正》,并从《盛德》分出《明堂》1篇,共40篇,编为13卷传世。

《大戴礼记》所收编有与《礼记》大致相同的5篇:《哀公问》、《投壶》、《礼察》、《曾子大孝》、《本命》;有《礼记》所没有的古代仪礼,如《诸侯迁庙》、《衅庙》、《朝事》、《投壶》、《公符》等5篇;从《荀子》辑录的有3篇:《哀公问》、《劝学》、《礼三本》等。此外还从《孔子三朝记》、《曾子》、《贾子新书》等辑收不少,该书既有先秦的文献,也有不少篇是汉代所作,因此书中保存了不少有价值的文献,如《夏小正》是战国时关于天象物候的科学资料。《五帝德》、《帝系》是东周所传古史系统,司马迁撰写《五帝本纪》和《三代世表》就以此为依据。

## 《公羊传》立于官学

《公羊传》亦称《春秋公羊传》或《公羊春秋》,儒家经典之一,与《左传》、《谷梁传》同为阐释《春秋》的三传之一。旧题战国时公羊高撰。初仅口说流传,西汉初才成书。据说是景帝时(前157～前141)由公羊寿和胡母生整理编著而成。景帝时得立于官学。其大师胡母生、董仲舒等任博士,专门从事研习、讲授之业。至武帝时(前140～前87)因贫苦儒生公孙弘通晓此书得官至丞相,其后习者甚众,逐渐成了汉代显学。

《公羊传》议事起于鲁隐公元年(前

《公羊传》砖拓本。《公羊传》亦称《春秋公羊传》,是儒家的经典之一。旧题战国时公羊高撰,最初口述流传,汉初才写成书。它是今文经学的重要典籍,为研究战国秦汉时期儒家思想的重要资料。此砖草书带有隶意,不但说明东汉时期今文经学的普遍流传,同时也是当时书法艺术的杰作。

722），终于鲁哀公十四年（前481）。属"今文经"，并为"今文经学"主要经典。全书正文27000多字，其中有37年无传，可能已有残缺。

《公羊传》采用问答体解说《春秋》所记史事，其重点在从政治的角度阐释《春秋》"大义"，并视之为孔子政治理想的体现，作为指导后世帝王行事的准则，而史事记载较简略。由于其借议论史事来发挥自己的政治见解与主张，故而历代今文经学家时常用它作为议论政治的工具。

《公羊传》是研究战国、秦、汉间儒家思想的重要资料。后有东汉何休《春秋公羊解诂》、唐徐彦《公羊传疏》、清陈立《公羊义疏》等。

# 淮南王门客编《淮南子》

顺应汉初以黄老之学为主体、兼容诸子百家之学的学术趋向，约于汉景帝时，淮南王刘安主持编著了《淮南子》一书，亦称《淮南鸿烈》。参与编著的宾客中著名的有苏非、李尚、伍被等人。此书据《汉书·艺文志》载，卷帙甚多，但留传下来的只有《内篇》21篇。

《淮南子》虽是刘安及其宾客合作编著，但由于刘安"为人好书"、"善为文辞"，其中必有他亲自著述之文，该书也基本能反映他本人的思想。在综合百家方面，《淮南子》与《吕氏春秋》一脉相承。所不同的是，它更多地吸取了《老子》、《庄子》，特别是《黄老帛书》的思想资料，成为集黄老之学大成的理论著作。侯外庐指出，《淮南子》企图以道家"总统百家"，并且以这种"总统百家"的道家自居，这正点出了《淮南子》与《吕氏春秋》的不同。它对道、天人、形神等问题提出了新的见解，还在继承春秋时的"气"说和战国中期稷下黄老之学的宋钘、尹文学派的"精气"说的基础上，提出了"元气论"的概念和系统的宇宙生成论。

《淮南子》与《论六家要旨》一样，在诸多方面，发展了先秦道家。"夫作为书论者，所以纪纲道德，经纬人事，上考之天，下揆之地，中通诸理。……故言道而不言事，则无以与世浮沉；言事而不言道，则无以与化游息。"不仅言道"与化游息"，而且还要言事，"与世浮沉"，这就与老庄有所区别。"纪纲道德，经纬人事"的积极人生态度，是黄老之学"新道家"区别于先秦道家的基本点。据此，《淮南子》对先秦道家的"无为"也作了新的阐释和发挥，强调遵循客观规律，因时而动，建功立业，并批评了守株待兔式的消极"无为论"。《淮南子》将积极的"无为"思想贯彻到现实政治之中，总结秦之教训，批判法家专制主义"悖拔其根，芜弃其本"，"背道德之本"，主张"上无苛令，官无烦治"，"仁义者治之本也"，提出"因民之性而治天下"的统治政策。显而易见，这正是汉初六七十年间清静宁一的时代政治与社会风尚的理论概括。

《淮南子》出现于西汉封建统治阶级羽翼日渐丰满，力量逐渐强大，时代精神正由休养生息重新返回积极有为的转折时期。尽管它本身包含着"变相的有为论"，但仍不受怀有雄才大略的汉武帝的欣赏，遭到了当权派的冷遇。刘安及其同党最后以"谋反"罪遭诛灭，恰是黄老之学由兴盛而衰败的形象表现。

## 枚乘作《七发》

枚乘（？～前140）字叔，淮阴（今江苏清江市西南）人，著名西汉辞赋家。文帝时为吴王刘濞郎中。吴王谋反，枚乘两次上书谏阻。吴王兵败身死，枚乘也因此知名。"七国之乱"平定，景帝拜其为弘农都尉。后辞官游梁，为梁孝王门客。梁王死，枚乘回到淮阴故里。武帝即位，慕其文名，派"安车蒲轮"接他入京，因年老死于途中。

据《汉书·艺文志》载，枚乘有赋9篇，《七发》为其代表作。《七发》是一篇讽谕性作品。赋中假设楚太子有疾，吴客前往探望，互相问答，构成七大段文字。首段吴客认为楚太子的病起因于贪欲无度，享乐无时，不是用药石针灸可治的，只能"以要言妙说而去也"。接着吴客铺陈了音乐、饮食、车马、宫苑、田猎、观涛等事，由静而动，由近及远，一步步诱导太子改变生活方式；最后吴客向太子引见"方术之士"，"论天下之精微，理万物之是非"，太子"涣然若一听圣人辩士之言，涩然汗出，霍然病愈"。作品的主旨是劝诫贵族子弟不要过分沉溺于安逸享乐，纵欲伤身，对贵族的腐朽生活提出了讽刺和劝戒。

西汉狩猎画像砖

　　《七发》用铺张、夸饰的手法来穷形尽相地描写事物,语汇丰富,词藻华美,结构宏阔,富于气势。刘勰在《文心雕龙》评说道:"枚乘摛艳,首制《七发》,腴辞云构,夸丽风骇。"如观涛一段,用了许多生动形象的比喻来描绘江涛汹涌的情状。"其始起也,洪淋淋焉,若白鹭之下翔;其少进也,浩浩澄澄,如素车白马帷盖之张;其波涌而云乱,扰扰焉如三军之腾装;其旁作而奔起也,飘飘焉如轻车之勒兵。"奇观满目,声音盈耳,令人精神震荡,如身临其境。另赋中用夸张,渲染的手法表现音乐的动听,用音节铿锵的语句写威武雄壮的校猎场面,也颇为出色。在结构上,它分七大段,一事一段,移步换形,层层逼进,有中心,有层次,有变化,不像后来大赋那样流于平直呆板。

　　枚乘《七发》的出现,标志着汉代散体大赋的正式形成,在赋的发展史上竖起了一座里程碑。后来许多作者模仿《七发》的形式写作,在赋中形成了一种定型的主客问答的文体,号称"七林"。例如傅毅的《七激》、张衡的《七辩》、曹植的《七启》等等。

　　枚乘的散文今存《谏吴王书》及《重谏吴王书》两篇,都是为谏阻吴王谋反而作。枚乘散文善用比喻,多用排句和韵语,有明显的辞赋特点。

# 西汉

139 ~ 131B.C.

139B.C. 汉建元二年

窦太后好黄老，儒者窦婴、田蚡等被免。鲁人申公培开创"鲁诗学"。

138B.C. 汉建元三年

张骞出使西域。

武帝好游猎，遂以秦上林旧苑为基础圈定汉代最大的皇家园苑。汉上林苑周围二百余里（在今陕西西安西及周至、户县境）。

136B.C. 汉建元五年

窦太后卒，盛行汉初的黄老之学的兴盛终结。田蚡出任丞相，延文学儒者数百人，黜黄老、刑名百家之言，开罢黜百家，独尊儒术之先风。

134B.C. 汉武帝元光元年

武帝亲自策问贤良文学，董仲舒对策。武帝遂采纳其建议，罢黜百家，独尊儒术。

《汉书·天文志》有世界上最早的新星记载。

银雀山汉墓随葬的《汉元光元年历谱》，为我国现存最早的历谱。

133B.C. 汉元光二年

十月，遣方士入海求神仙，并炼丹药。

132B.C. 汉元光三年

春，河水徙从顿丘，五月，复决濮阳瓠子。


139B.C.

西班牙起义运动失败。

137B.C.

罗马第一次西西里岛奴隶起义爆发（前137～前132），首领是叙利亚人攸那斯，不久，在西西里岛西南部又发生奴隶起义，为首者是小亚细亚人克利温。两个革命队伍合流，不久席卷西西里东部，参加起义者增至二十万人。罗马派大军前往镇压，残杀奴隶至两万人。

133B.C.

罗马贵族提比留·格拉古被选任保民官，提出土地改革法案，此议案被人民会议通过。

132B.C.

罗马提比留·格拉古进行联任保民官的活动，以推动土地改革。当选举进行时，格拉古及其拥护者三百人被贵族打死，尸体被抛入河中。贵族遂停止土地委员会之活动。

## 窦太后贬抑儒臣

建安二年（前 139），窦太后指使汉武帝推崇黄老之言，贬抑儒臣；一些朝廷要员因信奉儒术相继被免职、下狱，甚至被诛杀。

窦氏即汉文帝皇后，武帝即位后遂为太皇太后。窦后好黄老之言。武帝即位后想隆推儒术，皆因窦后反对而作罢。朝臣赵绾和王臧因此上奏，请武帝亲自治理天下，勿让妇女干预朝政。窦后闻知此事，极为生气，认为他们不学无术，藐视孝道，挑拨离间，要求武帝惩罚他们。武帝无可奈何，遂革去赵绾御史大夫职、王臧郎中令职，并打入监狱。窦后还不罢休，要求武帝判他们死刑。于是赵、王均在狱中含冤自杀。同时，崇儒的丞相窦婴、太尉田蚡也被免职。申公等人则称病辞官归乡。

## 长信宫灯代表汉工艺的高峰

富有想象力和装饰性的青铜器，是夏、商、周和春秋时期美术成就的标志；到了汉代，青铜器皿的制作，尤其精美，在注重它的装饰性的同时，也开始注意实用价值。以青铜为原料制作的长信宫灯，就是汉工艺美术在技巧上达到高峰的代表。

长信宫灯，1968 年出土于河北省满城县西汉中山靖王刘胜之妻窦绾墓，因为曾经置放在窦太后( 刘胜祖母 )居住的长信宫，故名。宫灯高 48 厘米，通体鎏金；灯体是一位踞坐掌灯的优雅恬静的宫女，设计极其精巧，

长信宫灯以宫女持灯为其造形。原为文帝皇后窦氏所有。

灯座、灯罩、屏板及宫女头部和右臂都可拆卸，罩下屏板又能转动开合，用以调整烛光照度；灯盘有一柄，便于转动和调整照射方向。宫女左手握灯盘的柄，右手握灯，十分巧妙地将右手袖设计成烟道，烟灰可以通过右臂纳入体内，减少了油烟污染。铜铸宫女，情绪深沉，是一个面庞丰满、眉目清秀而带几分稚气的少女形象，脸部表情掩不住她的郁闷情绪；身着右衽宽袖长服，席地跽坐，其恭谨掌灯的姿态，透露出灯奴的屈辱身份。造型及装饰风格轻巧华丽，经得住从四面八方各个角度观赏，每个角度都很自然优美。一改以往青铜器皿的神秘厚重，显得舒展自如，更接近人世生活。这是一件既实用，又美观的汉代青铜灯的珍品。

　　长信宫灯的出现，表明了秦汉以后的青铜工艺，因铁器、漆器的出现和使用，而更加转向轻便、精巧、实用的生活器用及观赏艺术品方向发展。

## 淮南王刘安献书

　　建元二年（前 139），淮南王刘安投武帝所好，来到长安朝见武帝，献武帝所好之赋颂，并谈论文学与方术。

　　刘安为汉代赋家，作赋 28 篇，多属歌颂性赋文。刘安平素好书、鼓琴，也行些善事以笼络民心，沽名钓誉。他挥霍祖上遗产，供养着数千宾客、术士，高谈阔论，一时颇有名声，并作《内书》21 篇，《外书》无数。汉武帝因有文艺之好，又慕刘安乃淮南历王刘长之子，故和刘安屡有书信往来，并请司马相如指导和修改文字。双方交谊甚睦。前 139 年，刘安应召来朝，献其所作《内篇》，并专作《颂德》、《长安都国颂》，恭维武帝。每次饮宴作乐时，亦总是雅兴大发，尽情谈说得失及方技赋颂。

## 马邑之谋功败垂成

　　元光二年（前 133）六月，武帝采纳了大臣王恢的建议，拟兴兵打击匈奴。先派遣马邑（今山西朔县）人聂壹做间谍逃入匈奴，诱使匈奴入塞。武帝又命韩安国为护军将军，与李广、公孙贺、王恢、李息等人，率领车骑、材官30余万，埋伏在马邑附近的山谷之中，俟机出击。但单于领骑兵10万人行至距离马邑约百余里时，因见漫山遍野的牲畜自在食草而无人放牧，甚觉奇怪，又抓人审问，从而识破汉军计谋，遂引兵北还。结果汉兵追杀不及，全部无功而返。王恢畏罪自杀。从此，匈奴拒绝与汉和亲，汉匈争夺依旧使北方边疆不得安宁。

## 张骞初使西域

建元二年(前139)，张骞应武帝刘彻召募而出使大月氏，欲动员大月氏东迁敦煌、祁连之间，和汉朝联合共同抵御匈奴侵扰。张骞，汉中成固(今陕西成固)人西域为当时中原人所不知道之世界，而张骞毅然应募。

张骞出使西域。初唐画的《张骞出使西域辞别汉武帝图》敦煌壁画(莫高窟第323窟)，表现的是汉武帝带领群臣到长安郊外为出使西域的张骞送行。持笏跪地辞行的是张骞。

张骞出使中亚的直接目的是寻找被匈奴人所驱逐而西徙的大月氏。不幸他经南山北麓时，为匈奴所俘，囚禁10年，并被迫娶妻生子。但他毫不恢心，复经大宛、康居，终于到达大月氏。虽然大月氏不愿再回故乡复仇，但张骞西使13年，对于他所经过的塔里木盆地诸国，以及中亚诸国如大宛、康居、大月氏、大夏，乃至安息、条支、身毒等国，都有详细而确实的报告。张骞之坚忍不屈、忠于祖国，亦可以概见。

张骞使西，是中国第一次知道中原以外，还有广大的西方开化的世界，并从而开辟中国历史上政治和经济的新时代。

## 蹴鞠复盛

大汉盛世

蹴鞠又叫蹋鞠，是我国古代类似踢球的一项古老体育运动。鞠是一种皮子裹着毛的实心球。它起源于战国时期齐楚两国城镇，秦统一中国后曾一度衰落，汉代以后，由于统治阶级的喜好和提介，这一运动又重新兴盛。

蹴鞠活动产生于民间，汉代得以进一步发展，据《盐铁论·国疾》记载，当时这种活动遍及全国城乡，甚至蔓延至穷乡僻巷。汉初，蹴鞠活动由民间传入了宫廷，而且一直是宫廷中传统体育活动之一。汉武帝、汉成帝等帝王对此特别钟爱。在达官贵人家中，蹴鞠也十分普遍，有些显贵家中还专门收养蹴鞠的能手和剑客，以供取乐和消遣，还有些自己修建蹴鞠场，经常举办蹴鞠会。

西汉以后，由于军制演变，步兵大量增加，为了锻炼士兵的体质、体能和意志，蹴鞠作为一种体育锻炼手段被引入军队并受到重视。它能寓军事训练于竞技娱乐之中，在和平时期，军队中蹴鞠活动十分活跃。羽林军还经常举行蹴鞠比赛而且定期校阅，因而不仅宫苑中有"鞠城"，"三辅离宫"中的蹴鞠场也主要是供军队蹴鞠用，甚至战争时期，在塞外行军宿营，统帅亲自带队蹴鞠，以鼓舞士气，作为一种体育活动流行着。《汉书·霍去病传》说当他率军北击匈奴时，由于缺乏军粮，军气不振，霍去病亲自上场"蹴鞠"。

蹴鞠石雕

关于汉代蹴鞠场地设备及竞赛规则的记载很少，东汉文学家李尤所作《鞠城铭》足留存下来的考察这方面情况的珍贵资料。从文献中可以看出，蹴鞠场分两个半场，各有六个球门，设有守门员，每队有队长，比赛有严格的规则，双方都必须遵守，场上设有刚正不阿的评判人员，在执行竞赛规则时必须公平准确，不徇私情，同时要求运动员端正球风，心平气和，输球时也不得抱怨和指责队友和评判员。铭文最后，将球场上严格的规则比作政府工作的运作。

在流行蹴鞠的同时，汉代还流行蹴鞠舞，中岳嵩山少室阙和启母阙上都刻有蹴鞠图，这是一种体育和舞蹈的结合，反映了当时蹴鞠活动的广泛性和形式的多样化。

汉代蹴鞠活动的兴盛，并逐渐规范化和竞技化，形成了比较完备的竞赛体制，而且重视良好体育风尚的建设，这在中国乃至世界体育运动史上都是深有影响的。

# 东方朔谏修上林苑

建元三年(前1 38)，武帝欲修建上林苑供皇家游乐渔猎，东方朔以为此举费浮于利，劳民伤财，乃上奏谏请停修。

上林苑位于长安附近，包括南山和临近的民用、河道。东方朔认为南山资源甚丰，

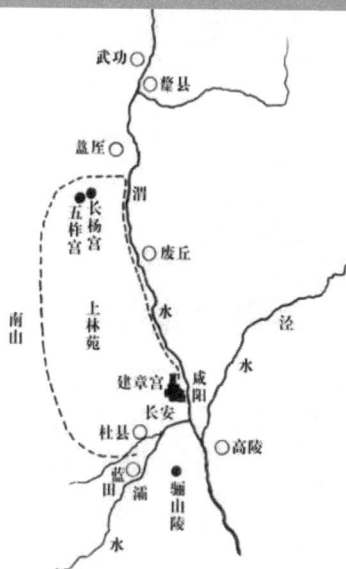

上林苑位置图

汉代错金银壶。鸟虫书是一种美术字体，开始为了美观，后因其笔画复杂，花样繁多，难于仿追，亦用于书写证件。中国青铜器上常用鸟虫画作为纹饰，汉代的印章有许多鸟虫书，当是为了防止假冒。图为汉代错金银壶上的鸟虫书。

工匠要靠它供应原料，而百姓则靠它维持生计。附近农田盛产稻、粟、桑、麻等，实为百姓衣食之源。如果修建上林苑于此，不但减少国家税收，影响百姓生活，还会给很多人带来灾难。东方朔还以史为鉴，以殷建九市宫而失诸侯、秦建阿房宫而失天下来力劝武帝不可修上林苑。东方朔的言论闪耀着民为邦本的火花。

武帝以东方朔言之有理而拜官赐金，但依旧修治上林苑。

## 西汉漆画艺术更趋成熟

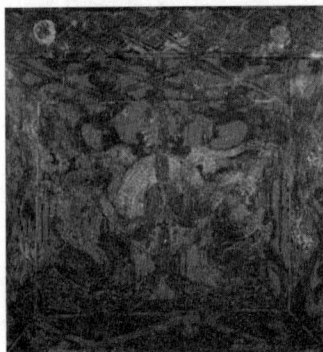

西汉漆棺彩绘二龙穿壁图

西汉漆棺彩绘山鹿图

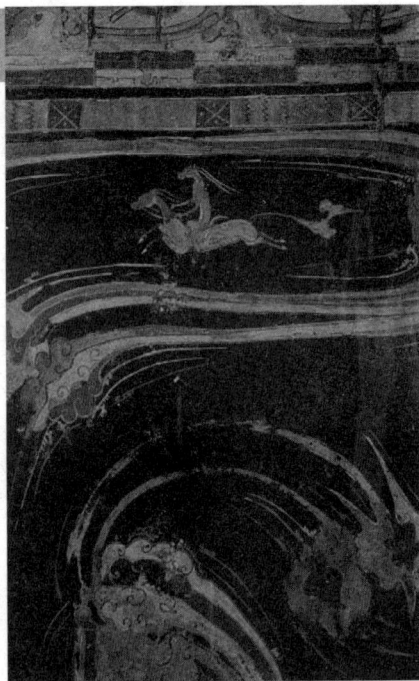

西汉漆棺彩绘云气异兽图。《云气异兽图》为马王堆一号汉墓外棺之彩绘漆画。通棺以黑漆髹底，用红、黄、白等色绘云气纹。云纹行笔流畅，颇具汹涌怒卷之势。其间怪兽出没，或作鼓琴、舞蹈、狩猎之状，或与飞禽走兽相搏相逐，或策马遨游于天涯云海，充满神奇诡谲的意味。怪兽均拟人化，其状劲健勇武，豁达豪迈，是一种超自然力的象征，应为彼时所崇尚半人半兽传说的形象写照。

西汉墓中出土漆奁，卷木胎，有盖。奁身上下为两周粉彩卷云纹，中间主要部分以黑、黄、灰绿等粉彩于红地上绘《车骑出行图》。图高7.1厘米，展开后宽四七厘米。描绘当时贵族出行情景：一贵族坐在急驰的马车上，其马四肢腾空。御者双手紧勒缰绳，以控奔马。为防仰翻，车箱底装有两条向外倾斜的支足，车后跟随三骑，前两骑可见骑士，后一骑仅从小亭背后露出马头和前蹄。车骑过后，亭长在小亭内目送。其后，还有持戟的卫士和躬身的小吏。云、山、飞鸟、树木等自然景象也摄入图中，画面活泼流畅，生动逼真。《车马出行图》是西汉时期漆器绘画具有代表性的作品之一。

# 汉置五经博士

建元五年(前136)，董仲舒进言武帝，要求罢黜百家，独尊儒术，于是开始兴太学，置五经博士，开始以家法教授。此后，历代统治者都把"五经"作为教育中心，作为选拔人才考试的内容。

文景帝时，儒家已渐渐受到重视，汉武帝出于加强政治思想统一、打击诸侯王分裂割据的需要，赋予儒学以特殊的地位。

五经博士即：《尚书》(欧阳生)、《易经》(田何)、《礼》(后苍)、《诗经》(鲁侍申公培、齐侍袁固生)、《春秋》(董仲舒、胡毋生)。五经博士所授均为今文经，其中最重要的是《公羊传》；到元帝时则盛行《诗经》。平帝时，又设置5位古文经博士，在思想上与今文博士对抗，从此，掀开了长达2000年的今古文经之争。

元朔五年(前124)，经丞相公孙弘再次奏请，为五经博士置弟子员。从此，"以经术饰吏事"，

《伏生授经图》。崔子忠绘。伏生又称伏胜，西汉今文《尚书》的传播者，曾任秦博士。汉文帝时曾派晁错向伏生学尚书，西汉《尚书》经学者多出其门。

儒经便与仕途结合起来，国家设太学养士，以经术取士，士人亦"以经术进"自勉。经学的昌盛，推动了学校教育的发展。太学中以儒家五经为教学内容。地方上官学也以研习儒经为主要教学内容。除中原地区之外，当时的边陲也创办了学校。创办地方学校的目的，都在于通过儒家经学来宣传孝悌仁义等封建道德，以改造民间风俗。

## 汉武帝独尊儒术

建元五年（前136），汉武帝刘彻采纳了董仲舒的建议，独尊儒术。

董仲舒建议变儒家哲学为封建最高政治原理，使之成为衡量文化思想的唯一尺度。他的建议为汉武帝所采纳。从此，儒术从私家学者的书斋走进了太学，太学设五经博士，儒学由一般学说而被尊为经，即：《诗》、《书》、《易》、《礼》、《春秋》五种。在太学里，不同师承的儒家学派，都设一讲座，名曰学官。

儒家学说自从得到政府倡导以后，获得广泛的传播，两汉400余年，经学火师接踵辈出，疏证训诂，极一时之盛，如：董仲舒、公孙弘、孔安国、刘向、刘歆、许慎、郑玄等。同时，生动的实践的儒学也逐渐变成繁琐死板的经学。一些学子为了官禄，只得寻章摘句，以备射策之用，还有很多皓首穷经者。

## 汉武帝诛杀灌夫

元光四年（前132），灌夫以酒席中怒骂丞相田蚡，被武帝置以不敬之罪，以死刑论处。灌夫为汉代名将，历任代相、太守、太仆、燕相等职，为人刚正不阿，见义勇为。他常借故凌辱专横跋扈的贵戚势力，而于生活贫困、地位卑沦之士，极为敬重。时朝中田蚡、窦婴交恶已久，田蚡任丞相后，天下士郡诸侯纷纷趋炎附势，归附田蚡。田蚡得势益加骄横。独有灌夫与窦婴更加友善。有一次，田蚡约灌夫看望窦婴，旋即违约，灌夫竟强行把田蚡挟持到窦婴处，并责其言出无信。在一次酒宴上，田蚡对窦婴不恭敬。灌夫即于行酒间借机大骂蚡，惊动满场宾客。而灌夫亦因侮辱朝臣被处以死刑。不久，窦婴亦被弃市渭城，然而田蚡也随之暴病身死。

窦婴、田蚡党争，灌夫以刚直而亡，从一个侧面反映了汉朝吏治的危机。

# 汉通西南夷

汉建元六年 ( 前 135)，汉使打通中原和西南夷的通路，西南夷与中原的交通往来日益密切。

西南夷是指居住在今四川成都西北、西南、云南、贵州两省及广西西部广大地区的少数民族总称，主要有夜郎、滇、邛都、昆明、徙、白马等族。西南夷与蜀郡早有商贾往来，经营筰马、牦牛、金银、铜、象牙和绢铁盐竹等。武帝时，唐蒙、司马相如始开西南夷，凿出通道千余里，以通巴蜀。唐蒙领带 1000 士兵和 1 万多运输货物的队伍，从巴、蜀筰关进入夜郎 (令贵州四部)。夜郎侯及其他部族首领接受了丰厚礼物，相约归附了汉朝。为加强管理，汉朝设置了犍为郡。唐

七牛铜贮贝器。滇族统治者贮存贝币的用具。

蒙又征调数万民工和士兵修筑了一条直通牂柯江的大道，便利商民往来。不久，邛、筰一带 (今四川西昌东南)居民均归附汉朝，由汉朝都尉治理。从此，西南归中央政权管辖。

虎牛祭盘。云南少数民族随葬祭器。造型奇特，为中国青铜文化中的艺术精品。

**067**

## 李少君见武帝·方士开始兴盛

元光二年（前 133)，李少君见幸武帝，力劝武帝推隆方士之术，以求长生不老之药。李少君为汉代著名方士，曾为涤泽侯舍人，自称精于方术，遍游各地，到处宣传他能役使鬼神和长生不死。一时间将信将疑者甚众，武安侯田蚡也乐于和他交往。前 133 年，李少君以祠灶却老方为武帝见幸被召。他欺骗武帝，言方士有许多神奇的本能，如：说自己曾游海到蓬莱，见到安期生等仙人，能够化丹砂为黄金，并有长生不老之术。武帝见其言词真切，竟然见信。后来李少君病死，武帝还以为他羽化而去。

自此以后，皇帝求长生不老术心更切，各地方士趁机纷纷提倡鬼神之事，争取得到皇室宠信。

## 汉武帝重编京师诸军·改革中央军队

建元二年（前 139）开始，经过几十年的时间，汉武帝改革了中央军队。

在中国军事文明发展史中，秦汉军事文明处于一个继往开来的转折时期，不仅高度重视封建国家的国防与国防战略，初步形成了冷兵器时代的基本战争形态，而且形成了与中央集权制度相适应的一整套军事制度，使中华军事文明经历了先秦发展时期后，进入了成熟期。

汉朝沿袭秦朝以皇帝为中心的军队统御制度，军权高度集中，军队体制表现为内外力量分布均衡的特色。

汉朝时期的军队主要由中央统辖的军队、郡县王国的地方军队和边防部队组成。其中中央统辖的军队包括京师诸军和战略要地的屯兵，而真正由中央统辖的军队为京师诸军。京师诸军在西汉中期以前根据任务不同而分为三部分：皇帝近身侍卫部队由郎官组成，负责宫中殿内警卫，由郎中令统领；皇帝禁卫部队由卫士组成，负责保卫未央、长乐两宫，归卫尉指挥，因其居

汉铜兵马阵。"兵马"代表军队。

住在京城南边，也称南军；京师警卫部队担任除宫城以外整个京师地区的警卫任务，由中尉统御，因其多驻扎在京城北边，又称北军。南北军训练有素，强化了京师治安，又因隶属系统各异，避免了其合兵反叛，南北军制度是秦汉军制的一大特点。

汉武帝为了确保京师地区的政局稳定，在南北军制度的基础上，重新整编了京师诸军。

首先，缩小南军编制，扩大近身侍卫部队。设立期门军和建章营骑（后称羽林骑），分别归期门仆射和羽林令丞统领，还把阵亡军吏的后代吸收到羽林骑中，严格训练，传授技艺，称为羽林孤儿。期门、羽林两支部队的人员都是经过严格选拔、技艺高超的职业军官，为此，皇帝近身侍卫力量得到增强。当郎、期门郎或羽林郎被确认为效忠皇帝和可以委以重任的人材后，即被任命为将率军作战，而汉武帝又可以通过他们来加强对军队的统治。

其次，调整京师警备力量，削弱中尉过重的权力。解除中尉兼管三辅地区地方军事的权力，向北军派遣了监北军使者，控制北军调发权，还将中垒校尉官秩增至二千石，与中尉平等。

最后，设置七校尉军，加强京师驻军力量。七校尉军的人员勇敢精锐，常驻京师，战时则奉命出征，比由正卒组成的北军更富有战斗力，是一支职业军队。它由屯骑校尉、步兵校尉、越骑校尉、长水校尉、胡骑校尉、虎贲校尉、射声校尉组成，加上中垒校尉，合称八校尉，位比九卿，直接向皇帝负责。

汉武帝经过重编京师诸军，使之形成了由职业军士组成的七校尉军与由正卒组成的南北军并存的新局面，两种军队是皇帝赖以制止叛乱、应付突发事变的快速反应力量，同时，由于兵员来源不同，使两支军队相互制肘，避免威胁皇帝统治。它们共同组成威慑地方的中央军队，进一步加强了中央集权的统治。

## 汉武帝改革官制加强中央集权制度

以雄才大略著称于世的汉武帝即位以后，由于不满于丞相专权，致力于官制的改革，逐步建立起以皇帝制度为核心，以中央丞相制度、地方郡县制度为基础的中央集权制度。

汉武帝首先推广察举制度，以贤良、文学等名义广泛招揽人才，原统属于郎中令的诸大夫和许多文学名士先后被征召，成为皇帝的高级幕僚，赋以重权，史称"天子宾客"。这些文学之士的作用主要就是与闻朝政，诘难大臣，以侵夺相权为己任。"天子宾客"的出现是汉武帝建立中朝的开始，朝廷自此始分为内外，丞相由全体百官之长降至只为外朝长官而不得过问宫中事务。

随后，汉武帝又利用和发展了秦代和汉初以来的加官制度，使原统属于郎中令等卿的诸大夫和诸郎等官基本上摆脱正常的公卿行政系统，直接由皇帝控制并使之参与政治决策，从而使中朝制度化。侍中、中常侍、给事中、诸曹、诸吏等都属加官，得以出入宫禁，披阅章奏，顾问应对，参与国家机密。还可以举法弹劾，对外朝百官行使监察职权。其中侍中、中常侍、给事中等官开始时基本上由士人担任，后来逐渐为宦官占据，成为宦官专权的重要工具。

中朝官吏还包括大将军、骠骑将军、前后左右将军等武官，以及太中大夫、

杨家湾汉兵马俑

光禄大夫、尚书文官。其中尤以大将军和尚书最为重要。

将军的称谓在先秦时期已经很普遍。汉武帝时正式设置了大将军、骠骑将军等官职,颁有印绶和秩俸。以后又在大将军、骠骑将军官名前加官名。大将军、骠骑将军的地位与丞相相当,其他将军如车骑将军、卫将军、前后左右将军的地位则与上卿相当。

尚书在先秦时期原为主管文书的小官。汉武帝时期出于加强皇权、抑制相权的需要,更多地利用尚书机构办理政务,尚书机构日益重要。汉武帝还开始任用宦官担任尚书,称为中书。在此以前,皇帝下章通常要经过丞相、御史。从此时开始,吏民一切章奏都可以不经过政府,而通过尚书直达皇帝,丞相九卿也必须通过尚书入奏,皇帝的旨意也由尚书下达丞相。按照当时的规定,所有上书都写成正副两本,尚书有权先开启副本,所言不善的可以摒去不再上奏。以前归丞相、御史二府掌管的选举、任用、考课官吏之权也转归尚书。尚书还掌握刑狱诛赏的大权,可以质问大臣,并可因大臣所言不善加以弹劾。

汉武帝还继承了秦以来的九卿制度,设立官员掌管宫室、刑狱、盐铁、外交等事务,逐步建立起一套行之有效、相当严整的统治秩序。

约 130 ~ 120B.C.

# 西汉

大汉盛世

129B.C. 汉元光六年

匈奴入上谷，遣卫青等四将军各将万骑分道击之，惟卫青至龙城有功。

128B.C. 汉元朔元年

张骞约于是年从匈奴处脱走，继续西使，历经大宛、康居，至大月氏传达联合抗匈之意，不得要领。复至大夏。

鲁恭（共）王刘余好治宫室，鲁王府灵光殿壁画为西汉壁画名作。相传其坏孔子旧宅，于壁中发现古文《尚书》及《礼记》《论语》《孝经》等经书，为经学家孔安国所得。安国，为武帝时博士，开西汉古文尚书学派。

126B.C. 汉元朔三年

张骞出使西域，前后历时十三年，至此与甘父归抵长安。

124B.C. 汉元朔五年

自武帝尊儒术，公孙弘是年首以通经任丞相。

122B.C. 汉元狩元年

春，淮南王安、衡山王赐谋反，事泄自杀，列侯、二千石、豪杰被二狱牵连死者数万人。

121B.C. 汉元狩二年

三月，骠骑将军霍去病将万骑击匈奴，深入千余里，杀小二王，俘王子、相国、都尉，获斩八千九百余人。夏，霍去病复与三将军将数万骑击匈奴，异道，惟去病有功，深入二千余里，俘小王十余，相国、都尉以众降者二千五百人，斩首三万二百级。

120B.C. 汉元狩三年

健全乐府职能，使乐府与太乐分掌俗乐与雅乐，命李延年为乐府协律都尉。乐府并成为后代模拟民歌作品的代名词。


124B.C.

帕提亚王阿塔巴那斯为塞人所败，战死。密斯利得提斯二世嗣位。

123B.C.

罗马盖约·格拉古当选为保民官，锐意继其兄未竟之业，进行社会改革。

121B.C.

罗马盖约·格拉古未得当选保民官，贵族鉴于格拉古已渐失去人民支持，遂对其进攻。格拉古与其拥护者三千人，俱遭惨杀。盖约·格拉古既死，彼所倡导之土地法亦被废除。

## 汉武帝兴修水利

元光六年（前129），漕渠、龙首渠开凿，大大促进了水利运输和农业生产的发展。

前129年春，大司农郑当时奏请武帝在秦岭北麓开凿人工运河——漕渠，从长安引渭水向东贯通黄河。武帝乃命水工徐伯督办此事，数万民工艰苦奋战3年，终于开凿成功。漕渠不但能够灌溉沿渠两岸万余顷农田，保证当地衣食有余，还降低了该地运费成本，因为它大大缩短了从潼关到长安的水路运输的路程和时间。

龙首渠是汉武帝采纳严熊的建议，征发万余民工修凿而成的。龙首渠工程浩大，费时十余年始告结束。它从征（今陕西澄城）引洛水灌溉临晋（今陕西大荔）一带民田。该渠经过商颜山，因山土质疏松，渠岸易于崩塌，于是技术人员创造发明了井渠法，即"井下相通行水"，使龙首渠从地下穿过七里宽的商颜山。龙首渠灌溉重家以东田万余顷，使产量大为增长，平均每亩约增10石。

漕渠是汉代一项重要的水利工程；龙首渠则是我国历史上第一条地下水渠。除大规模的穿渠引水外，西汉时还采取掘堰储水、凿井出水、筑堤节水等措施。

## 汉武帝纳主父偃建议颁行推恩令以限制诸侯王

元朔二年（前127）正月，刘彻（武帝）纳中大夫主父偃建议，颁行"推恩令"。

此令是把诸侯王除以嫡长子继承王位外，其余诸子在原封国内封侯，新封侯国不再受王国管辖，直接由各地的郡来管理。于是"藩国始分，而子弟

**073**

河北满城中山靖王后墓中厅

毕侯"。导致"大国不过十余城，小侯不过数十里"。

为限制诸侯王国网罗人才，结党私营，刘彻又颁布"左官定律"、"附盖之法"，凡仕于诸侯者，绝不得再仕于王朝，严禁封国官吏与诸侯王结党营私，相互串通。至使诸侯王失去了因分封而存在的独立性。

此外，刘彻以诸侯王向汉王朝交纳献费或祭祀宗庙的酬金成色不好、斤两不足为藉口，对诸侯王实行"夺取"、"除国"。元鼎五年（前112）举行宗庙大祭，1次即剥夺诸侯爵位106人，废其封国，改设郡县。汉初因功封侯者140余人，至刘彻太初年间只剩下5人，他们"惟得衣食租税，不与政事"，汉代的分封制名存实亡。

## 飞将军李广威震匈奴

李广，陇西成纪（今甘肃秦安）人，秦国名将李信之后，世世传习射箭。文帝时，以"良家子"从军抵抗匈奴，杀敌虏获甚多，表现出非凡的军事才能，被选为郎官。景帝时，随周亚夫平定吴楚之乱又大显身手。此后，他历任沿边诸郡如：上谷、陇西、北地、雁门、代郡、云中等郡太守，以抗击匈奴闻名于世。

元光六年（前129），他参加了抗匈大战。匈奴经过这次打击，势已疲敝，被迫远遁。武帝因其战功，

洛惠渠龙首坝。洛惠渠是在汉代龙首渠的基础上兴建的。

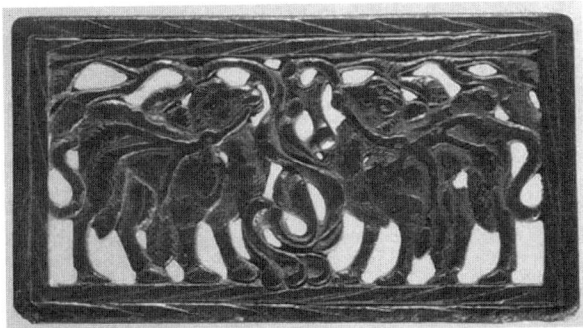
西汉鎏金双驼饰牌。匈奴贵族服饰品。

拜李广为右北平太守。任职其间，因尽于职守，善长骑射，作战骁勇，因而被称为"汉之飞将军"。匈奴对他十分敬畏，数年不敢入界侵犯右北平。李广还参加前121年河西之役与漠北之战，为安定北疆鞠躬尽瘁。

## 马蹄铁发明

早在2000多年前的秦汉时期，我国劳动人民就发明了蹄铁术，这种制造蹄铁和装蹄、削蹄的专门的技术，对提高马的工作效率、矫正肢势、防止蹄病有重要的意义，并且在西汉武帝时期得到了普遍的使用。当时的蹄铁匠被称为"掌工"。《史记》中记载汉武帝为了讨伐匈奴，养了几万匹马，几万匹马都要装蹄铁，关中的蹄铁都不够用，所以还调了附近州县的蹄铁匠来给马匹装蹄铁。而当时的欧洲还只用革制的简单的蹄鞋。

我国发明马蹄铁之后，外国竞相仿制。马蹄铁传到欧洲之后，马才成为欧洲的家畜之王，人们才把马当作主要动力来使用。今天欧洲的蹄铁术就是受我国蹄铁术的影响加以改良形成的。

## 汉武帝设博士弟子员

元朔五年（前124），武帝为五经博士设置弟子员，进一步隆推儒家学术。

武帝兴太学，设五经博士后，又采纳董仲舒建议，为博士官设弟子员50人，由政府提供禄米，供养这些儒士以解释、传播儒学为业，此为博士弟子制度

四川省出土的汉代大学授业画像砖。学生手中皆有竹简缀成之教本。

建立之始。

博士弟子亦称太学生、诸生，是汉代太学博士教授的学生。博士弟子免徭役、赋税。来源有两种：一由太常"择民间 18 岁以上，仪状端庄者"；二由地方官选送"好文学、敬长上、肃政教、顺乡里、出入不悖"者。博士弟子一年一课试，修业年限不定。考试合格者补官，成绩突出者可为郎中。不勤学，考试不及格者退学。

博士弟子人数日增，到成帝时，已达 3000 人，每年选甲科 40 人为郎中，乙科 20 人为太子舍人，因此，太学是汉代培养选拔官吏的重要机构之一。

## 卫青任大将军屡败匈奴

元朔五年（前 124），卫青抗击匈奴捷报频传，汉武帝拜他为大将军，勉励他继续为国出力，保卫北疆。

前 124 年，匈奴右贤王屡次侵扰朔方（今内蒙古杭锦旗北）。抗匈名将卫青奉武帝之命，率领 10 万余骑兵从高阙、朔方出发，直向北进，深入塞外六七百里，以迅雷不及掩耳之势包围了右贤王王廷。右贤王仓惶北逃，汉军大胜，俘匈奴小王十余人，士兵 15000 余人和数百万牲畜。武帝闻之，龙颜大悦，特命使者持大将军印到军中，拜卫青为大将军，令诸将皆受其节制。

卫青任大将军后，又于元朔六年四月再次统领六将军出击匈奴，激战于定襄。卫青英勇善战，再次击败匈奴，俘斩万余人。卫青成为抗击匈奴的重要军事将领。

## 汉政府卖爵

元朔六年（前123），汉武帝下诏出售武功爵，以解决财政困难。

汉武帝连年征战，经营四方，财政状况极为拮据。为此，一方面开源节流，另一方面则公开出售武功爵位。武功爵每级售价17万钱，然后每加升一级爵位，另收钱2万。但买武功爵至"千夫"（爵名）者，得先除为吏。诏令下达后，社会上富庶阶级为了提高身份地位，一时购者如云。汉政府也因之收到30多万金的爵位钱。

出售武功爵在一定程度上缓解了汉政府的财政状况；但此举主要是对富贵者有利，使他们成为特权阶层。

## 张骞通西南夷

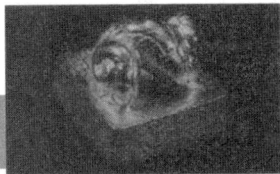

元狩元年（前122），张骞奉武帝之命出使西南夷。此行意欲寻找通往印度之路，但结果使中原与西南的交通往来再次开通。

张骞曾二度出使西域，是汉朝著名的旅行家。汉初，在今滇、缅交界处有几十个民族，在云南中部和西部亦各有几十个民族。在川、黔一带亦布满各个"蛮夷"之族。武帝自唐蒙首次入西南夷后，再次令张骞从蜀（今四川成都）、犍为（今四川宜宾）遣使者从各条道路出发，寻找身毒（印度）。这些使者探行一二千里，但仍未发现身毒。不过在探险

滇王之印。西南和南方少数民族地区从汉代起即有州县建制，也有少数民族的"封王"和首领。图为云南石寨山出土的"滇王之印"。

中首次与滇国（今云南昆明南）打通了关系，滇王当羌知汉朝强大，表示愿归附汉朝。夜郎等国也再次和汉朝交通。因此，汉朝又一次与西南夷恢复了往来。

## 淮南、衡山王谋反失败

元狩元年（前122），淮南王刘安、衡山王刘赐谋反事泄，皆自杀而死。

刘安是高帝少子淮南厉王刘长之子；刘赐则是他的弟弟。兄弟俩素不和，但为了共同利益一起谋反。才思敏捷、善为文辞的思想家、文学家刘安，在政治上有自己的一套主张。因后来与武帝有隙，被削去二县封地。他大为怨愤，决意谋反，并为此做了各种准备。刘赐闻此，也拟举事，欲发兵占据江淮，还使人准备兵车、武器、私刻天子玺、将相军吏印。两兄弟的谋反计划均被发觉，夺权无望，只好自杀，此案牵连而死者达数千之众。他们所统治的封地也被取消。

## 董仲舒提出三纲五常

西汉唯心主义哲学家和政治家董仲舒在他的著作《春秋繁露》中提出三纲五常，这一道德规范，反映了当时加强君权、巩固封建中央集权的客观需要，在历史上起过一定的进步作用。

"三纲"指"君为臣纲，父为子纲，夫为妻纲"三条封建道德原则，要求为臣、为子、为妻必须绝对服从于君、父、夫，也要求为君、

董仲舒著《春秋繁露》书影

为父、为夫的为臣、子、妻作出表率。"五常"指仁、义、礼、智、信五个封建道德教条。"仁"即爱人、孝悌、忠恕等。"义"指封建道德规范和标准。"礼"是各种封建礼仪、制度和规范。"智"为判别是非之心。"信"系忠诚守信。这些都是用以调整君臣、父子、兄弟、夫妻、朋友等人伦关系的行为准则。

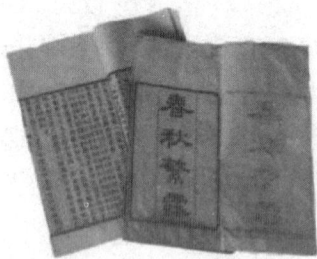

作为一种道德原则、规范的内容，三纲最早渊源于先秦时期。董仲舒对孔子的"君君、臣臣、父父、子子"和孟子的"父子有亲、君臣有义、夫妇有别"加以理论概括和改造，而成"王道之三纲"，提出"君臣、父子、夫妇之义皆取诸阴阳之道"是不可改变的，永恒存在的。五常则是由董仲舒在孔孟宣扬的仁、义、礼、智基础上，再加上"信"而成的，即"仁、谊（义）、礼、知（智）、信，五常之道"。东汉儒家著作《白虎通义》对三纲五常也有阐述。从宋朱熹开始，将三纲五常联用。三纲五常是历代封建统治者套在劳动人民身上的精神枷锁，但作为一套完整的封建道德体系，它体现了封建社会的人伦关系和封建宗法等级制度。

# 霍去病击匈奴·浑邪王降汉

　　元狩二年（前121），霍去病在河西之役重创匈奴军队。浑邪王兵败恐为单于所诛，乃率众投降汉朝。

　　元狩二年，为了争夺河西地区，骠骑将军霍去病奉命率领1万轻骑兵与匈奴作战。在战争中，他神出鬼没，足智多谋，白天转战5个王国，奔驰千余里，取得辉煌战果。共杀匈奴小王2人，俘斩8900余人，并获休屠王祭天金人。同年夏天，他又深入匈奴腹地2000余里，斩首30000多级，俘获匈奴小王70多人。从此，汉朝控制了河西走廊一带，匈奴与羌人的联系被切断。

霍去病墓前石雕石刻人与熊

　　匈奴王单于听到此败信，大为震怒，欲将浑邪王斩首治罪。于是浑邪王决定投降汉朝。是年，霍去病护送浑邪王入长安晋见武帝，并带领降汉匈奴军数万人渡过黄河，胜利而归。

　　浑邪王降汉后，武帝立他为漯阴侯，封万户，并把前后降汉的匈奴人分别迁徙安置于陇西（今甘肃临洮）、北地（今甘肃庆阳西

**079**

霍去病墓前石雕石刻跃马

霍去病墓前石雕石刻伏虎

霍去病墓前石雕石刻卧象

霍去病石雕。汉武帝刘彻时期，经数十年的休养生息，国力大盛，已足以凭籍武力肃清边疆。汉武帝曾数次派以卫青、霍去病等将领为首的大军深入北方大漠与匈奴决战，皆大胜而归，巩固了北方边陲的安定。图为陕西兴平县汉大将军霍去病前的石雕——马踏匈奴，是为标榜霍氏的功绩而凿刻。

北）、上郡（今陕西榆林东南）、朔方（今内蒙古伊盟西北）、云中（今内蒙托克托）五郡，称为五属国，允许他们保留自己的风俗习惯。

霍去病败匈奴，对河西地区经济恢复与发展也有一定作用。

## 中国官学形成

出于统一思想，巩固封建专制制度的需要，西汉初期，统治集团中的高层儒士认真反思了秦亡的教训，一反秦王朝焚书禁学的简单粗暴手段，主张治国以"教化"为本，制定了"文武并用"以期长治久安的政策，把敬士和选吏二者结合起来，开始兴办由封建朝廷直接举办和管辖，旨在培养各种统治人才的官学系统，拉开了中国统一官学形成的序幕。

中国古代官学主要由中央官学和地方官学两大系统组成。

中央官学依据各自所规定的文化程度，教育对象和教学内容的不同而细分为最高学府，专科学校和贵族学校三大类。这些毫不例外地肇端于汉代。

太学是中央官学的最高学府，其实是古代的大学。建元五年（前136），汉武帝采纳董仲舒提出的文化教育政策建议，下令设置儒家五经博士，罢免其他诸子、传记博士，开始"独尊儒术"。元朔五年（前124）丞相公孙弘奏请为博士置弟子员，太学从此开始形成，武帝时置博士弟子50人，后来逐渐增加，西汉成帝时已有3000人，东汉顺帝时增至3万余人。博士弟子的入学资格一部分由太常选拔18岁以上，仪态端正的人，一部分是郡国所选的喜好文学，孝敬长辈和上司，有良好教养，行为端正的人，顺帝时元士的子弟也可入学，东汉质帝本初元年（146），又规定大将军至600石官吏都可送子弟入学，还有一些少数民族子弟也在太学学习，本着敬士、养士与选吏的目的，太学中形成了一系列严格的考评制度，这种注重课试，以试录士的做法，打破了世卿世禄、任人唯亲的体制，对于选拔封建贤德之士具有积极的意义，它是世界教育史上和文官选拔制度的一项创举。

由于老师少，学生多，汉代太学已开始强调自修，引导学生课余自由研究学术，这是一种培养大学问家所必须的学术氛围，为后世所继承和发扬。

中国古代的专科学校，最早的当是创立于东汉末年的鸿都门学，这是由宦官建立的以辞赋，小说，尺牍，字画为主要教育内容的文艺专科学校，是与土族相抗衡的产物。与太学以儒学为唯一教学内容也是完全不同的，它打破了"儒学独尊"的沉闷气息。东汉的四姓小侯学是东汉外戚樊、郭、阴、马四大家族，于明帝永平九年（66）为其子弟创办的中国最早的贵族学校，后来，其他贵族子弟也可入学。此外还有专为培养皇太子开设的宫廷贵族学校也属此类。

在上述中央官学系统之外，还有地方官学系统。它们是指地方官府创办并管理的学校。西周时期关于"乡学"的传说可能是最早的地方官学，而真正意义上的地方官学是由汉景帝末年（前2世纪中期），蜀郡郡守文翁创办的，他十分重视教化，在成都建立学宫，招属县的子弟入学，受到汉武帝赞许，令各郡国效仿，一时这类地方官学大盛。直到平帝元始三年（3），地方学校

的制度才最后被规范。教学的内容也限于儒家五经。

汉代的中央官学和地方官学，共同构成了其官学教育体系，其体制为后世所长期沿袭。这种将敬士、养士、选士结合起来的教育体制，服从了封建统治阶级的思想统一和巩固封建专制的主观需要，客观上也培养了大批优秀人才，在继承中国古代文化遗产，繁荣科学、学术事业等上都起到了十分重要的作用。

## 汉乐府建立

西汉铜葫芦笙

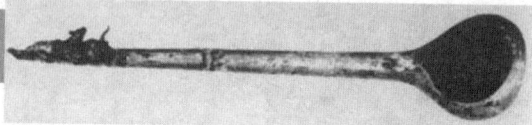

元狩三年（前120），汉武帝设置乐府，令司马相如等作诗赋，以宦者李延年为协律都尉，佩二千石印，掌制乐谱、训练乐工、采集民歌。

乐府始创于秦，与掌管庙堂音乐的"太乐"并立。汉初沿袭下来，有"乐府令"掌管音乐，汉武帝时（前140～前87），为"定郊祀之礼"，大规模扩建乐府机构，对郊庙礼乐进行了重大改革，乐府的性质发生了变化。

汉武帝建立乐府，目的是改革传统的郊庙音乐。汉时的郊祀天帝，基本是沿用秦流传下来的礼乐，曲为雅乐，辞为古辞。许多古辞深奥无比，一般人难明其意；而乐曲也需整理。乐府的建立，就是要用新声改编雅乐，以创作的歌诗取代传统的古辞。所以，乐府的任务就是采集各地的民歌来创设新声曲调；选用新创颂诗作歌辞；训练乐工、女乐进行新作的排练。

乐府设在帝王游幸的上林苑，乐工组织庞大，有上千人，并且分工明确，有表演祭祀仪式的"郊祭乐员"，演奏南北乐的"邯郸鼓员"和"江南鼓员"，专门演唱的"蔡讴员"、"齐讴员"，表演少数民族音乐的"诸族乐人"等。乐府还拥有李延年、张仲春和司马相如等一批优秀的音乐家和文学家。

乐府大规模地采集、整理和改编了大量民歌。为记录民歌，创造了"声曲折"的记谱法；同时制定"采诗夜诵"审查制度，经诵读取舍，把采集的民歌整理记录下来，据《汉书·艺文志》记载，仅西汉乐

西汉凫渡纹鼓。乐器。

舞乐画像砖。图中右座二人，一人挥弦鼓瑟，另一个载冠席地而坐，席前置一几，旁有一盂，似为观赏者。图中左二人正拂袖起舞。

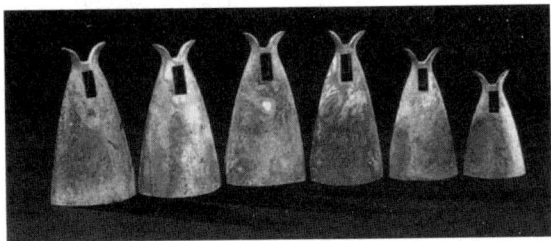

西汉羊角状钮编钟。云南少数民族贵族墓随葬礼乐器。共六枚，为一编。前五枚钟发音均按自然音阶顺序排列，唯第五、六枚间似有缺漏。从所测音阶看，已有准确的半音关系，可视为变徵与徵，或变宫与宫的关系，即含有六声或七声音阶的因素。对研究少数民族的音乐史有重要价值。

府民歌就有 138 首之多，这些民歌来自当时的吴、楚、汝南、燕、代、雁门、云中、陇西、邯郸、河间、齐、郑、淮南、河东、洛阳、河南、南郡等地，几乎遍及全国。东汉时，采集民歌的"观采风谣"活动仍有进行，现今留存的乐府民歌，多是东汉作品，共有三四十首。

乐府经武帝扩建发展，兴盛一时，之后便日渐式微。前70年，出于财政和意识形态方面的原因，乐府编制被削减；前48年，乐府编制再被削减；前33年，乐府被下令停止比较铺张的作法；前7年，汉哀帝终于下令撤消乐府。

乐府作为掌管音乐的官署被撤消了，但由于它专事搜集、整理民歌俗曲，因此后人就用"乐府"代称入乐的民歌俗曲和歌辞；六朝时人们已将乐府唱的"歌诗"也称为"乐府"，与"古诗"相对并举，把入乐的歌辞和讽诵吟咏的徒诗两种诗歌体裁区别开来；宋、元以后，"乐府"又被借作词、曲的一种雅称；所以，作为文学体裁的"乐府"却流传了下来。

汉乐府民歌今存不足百篇，大部分保存在宋代郭茂倩的《乐府诗集》中，分《鼓吹曲辞》、《相和曲辞》和《杂曲歌辞》三类。由于这些民歌都是出自下层人民，而且都具有"有感于哀乐，缘事而发"的特点，所以乐府民歌思想内容丰富深刻，相当广泛地反映了汉代社会的现实生活。有揭露当时严重对立的阶级状况，揭露战争和劳役给人民带来的深重苦难的，如《妇病行》、《东门行》、《平陵东》、《悲歌行》和《十五从军征》、《战城南》、《古歌》、《饮马长城窟行》，等等。《东门行》甚至写出贫苦百姓因生活所迫不得不挺而走险的苦况。有描写爱情、婚姻的，如《上邪》、《陌上桑》和《孔

盘舞画像砖

西汉竞渡纹鼓。南方少数民族乐器。

雀东南飞》都是描写和吟咏爱情的千古名篇，特别是《孔雀东南飞》成为古代汉民族最长、最优秀的叙事诗。乐府中还有其他内容的诗歌，反映了广阔的社会生活，但乐府中数量最多、最具特色的是反映家庭和社会问题的作品。如《妇病行》和《孤儿行》。

乐府民歌继承了《诗经》"饥者歌其食，劳者歌其事"的优良传统，它大胆反映现实的精神在诗歌发展史上影响深远。后代凡是反映民生疾苦、暴露现实黑暗的诗作往往采用乐府的形式，以至批判现实成了乐府诗的基本特点。

汉乐府或为杂言诗，或为五言，标志着诗歌形式得到了更充分的发展，为后代杂言歌行及五言诗的繁荣奠定了基础。乐府中的叙事诗，如《孔雀东南飞》，刻画了许多性格鲜明、情节完整的形象和事件，标志着汉族的叙事诗进入了成熟阶段。

汉乐府的建立，对中国文学、音乐发展都有决定性作用。乐府汇聚了全国最优秀的音乐家和文学家，采集了全国各地的民歌加以筛选整理，保留下来，用新声改编雅乐，用歌诗取代古辞，使汉代文学和音乐都得到了很大的发展，更使民乐得以进入宫廷。虽然乐府最终被撤销，但它所形成的批判现实、反映现实，具有叙事性特色的诗歌形式，却成为中国诗歌的一支主流，被后代文人争相模仿。从三国的曹操到唐代的李、杜，都有模仿乐府之作。

## 鼓吹乐和相和歌兴起

汉武帝时，乐府得到加强和扩建，盛极一时。乐府为谱新曲新辞，从全国各地搜集各民族的民间音乐，使民间俗乐经乐府集中、提高后，在汉代宫廷和宫廷以外的音乐生活中展现了丰富多彩的面貌。乐府中民间俗乐的主要

西汉彩绘木乐俑。两俑吹竽，三俑鼓
瑟，均作跪坐式。

汉竹制十二音律管

体裁为鼓吹乐和相和歌。随着乐府兴盛，鼓吹乐和相和歌也随之兴起。

鼓吹乐源自于西北少数民族的马上之乐，汉初流入中原，在中国发展、成熟为一个新的乐种。汉代从民间引入宫廷，主要用于宫廷、军府、官府的仪仗、军旅和宴飨，是乐府及太常编制的乐种，部分取代了周代雅乐的职能。相和歌则源于北方民间，它由清唱的"徒歌"（亦叫"谣"）发展为"一人唱，三人和"的"但歌"，再加上管弦伴奏，歌者用"节"打节拍，最后发展成为相和歌。相和歌得名于《宋书·乐志》的"丝竹更相和，执节者歌"，是"街陌歌谣"与先秦楚声结合，在宫廷发展的产物。相和歌主要在官宦巨贾宴饮、娱乐等场合演奏，也用于宫廷的元旦朝会、宴饮及祀神乃至民间活动等场合，有娱乐欣赏的性质。相和歌比鼓吹乐应用更为广泛，影响更大。

相和歌曲目绝大部分是在民间歌谣基础上加工整理或另填新词而来的，如《东武》、《太山》两曲就是齐地民歌经文人填词而成的，部分则来源战国楚声的旧曲，如《流楚窈窕》。来自民间的相和歌的歌辞反映了劳动人民的苦难及纯真的感情。如描写官吏劫夺人民的《平陵东》；反映家人思念服役亲人的《饮马长城窟行》；描写病妇临终托孤和丈夫为饥儿乞讨求饮的《妇病行》；描写孤儿遭兄嫂虐待的《孤儿行》；以及描写罗敷不畏强暴的《陌上桑》，都是脍炙人口的作品。由文人创作的相和歌，歌辞内容就比较复杂，有描写统治者求仙问道的《善哉行》、《西门行》、《步出夏门行》和《董逃行》；有歌颂人民不畏强暴、怒斥权贵走狗的《羽林郎》；有颂扬官吏政绩的《雁门太守行》，均有一定的社会意义。

鼓吹乐的曲调和歌辞开始也来自民间，进入宫廷后，或将原辞换上新辞，或删除原辞成为器乐曲，但都保留了民间歌曲的纯朴内容和特征。如反映爱情忠贞的铙歌《上邪》；反映反战情绪的横吹曲《紫骝马》；反映战争残酷的铙歌《战城南》，都是劳动人民朴素感情的体现，有特别的感动力和社会意义。

鼓吹乐按用途不同，分为四类：一是黄门鼓吹，也叫"长箫"。由天子近侍掌握，在天子宴席、饮膳时用，也有专用于天子仪仗的；二是骑吹，用于仪仗，随行帝王、贵族等车驾，因用箫、笳、鼓、鞉等乐器在马上演奏而得名；三是短箫铙歌，主要用于社、庙、"恺乐"、"郊祀"、"校猎"等盛大活动；四是横吹，用于随军演奏，朝廷常用来赏赐边将。相和歌正式乐曲分为引、曲、大曲三类。

引就是引子，仅用笛与弦乐器演奏。曲即中小型乐曲，大多为声乐曲，可分为吟叹曲与诸调曲两类。大曲是大型乐曲，一般是歌舞曲，也有部分声乐曲与器乐合奏曲，它是相和歌中最重要、也是最能反映当时艺术水平的部分。大曲是将器乐、歌唱和舞蹈融合一起的形式，是前代宫廷乐舞的延伸，但它摒弃了古乐舞浓厚的宗教色彩，加入了厚重的世俗内容，反映了社会现实生活，加之音乐更为活泼，表现手法更为多样，又迥异于古乐舞。大曲的音乐结构由艳——曲（解）——趋——乱构成，同时又有平调、清调、瑟调和楚调、侧调等调式，可以表现复杂的节奏层次和调式色彩。

西汉竹木竽

鼓吹乐的打击乐器以鼓为最重要，另外还有鞉等；吹奏乐器包括箫（排箫）、笛、笳、角。相和歌常用的乐器则有笙、笛、筑、筝、琴、瑟和琵琶。鼓吹乐和相和歌所使用的乐器，一部分是继承先秦已有的乐器加以发展，一部分是新出现的乐器，如笳、角、笛（竖吹）、筝、筑、琵琶、箜篌就是汉代新出现的乐器。汉代的琵琶是柄直盘圆的琵琶，与今日的琵琶不同。

汉代在民间俗乐发展起来的鼓吹乐和相和歌，反映了当时民歌发展以及汉族音乐与少数民族音乐融合交汇的情况，在战国至秦汉的音乐发展史上占有重要的地位，它取代了宫廷雅乐的主导地位，对后世音乐的发展具有深远的影响。两千多年来，鼓吹乐不仅为封建宫廷仪式音乐所采用，而且深入全国各地的民间音乐。现存的各种鼓吹、吹打、吹歌、管乐、锣鼓等，都由它繁衍发展而来。

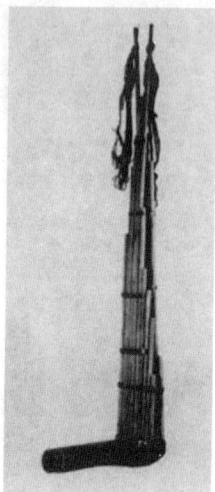

# 瓠子连年决口汉武帝亲临治河

黄河大堤护堤的丁字坝

秋风楼。黄河在汉元光三年（前132年）瓠子决口后二十余年，汉武帝才下决心治理，派汲仁、郭昌发率数万人塞瓠子决口。《史记》载武帝亲临现场指挥，历史上留下美传。西汉元鼎四年（前113）汉武帝行至河东祭祀后土（土神）时，在龙舟中所用《秋风辞》，其中有"泛楼船兮济汾河，横中流兮杨素波"的名句。"秋风楼"为后人据辞意所建。

西汉自汉文帝十二年（前168）黄河在酸枣（今河南延津西南）决口起，黄河在180年中先后决口达12次。汉武帝元光三年（前132），黄河在瓠子（今河南濮阳西南）决口，洪水经巨野泽南流，灌入淮泗，泛滥达16郡。汉武帝派汲黯、郑当时领10万人去防洪修堤，由于丞相田蚡从中作梗而徒劳无功。田蚡的封地在俞（今山东高唐东北），刚好位于黄河北岸，他为了使自己的封地不受水灾，极力反对修复故道，因而黄河泛滥越来越严重。直到元封二年（前109）汉武帝才派汲仁、郭昌领卒数万

汉渠。汉武帝时在宁夏修建的引黄渠——汉渠遗迹。

堵塞决口，武帝亲临现场巡视工地，并命令随从官员自将军以下都负薪填决口。工程采用桩柴平堵法，需要大量木材，砍光了方圆百里的树木竹林，经过艰苦劳动，堵口工程初见成效。汉武帝曾作《瓠子歌》记载了决口的灾难、堵口的艰巨性及采取的措施。为了纪念堵口成功，在修复的堤坝上建立宣房宫。经过这次修治，黄河才流归故道，80年未造成大水灾。

## 牵牛织女塑像

牛郎织女是人民心目中热爱劳动、忠于爱情、向往幸福、敢于向恶势力及封建等级观念作斗争的典型形象。

我国现存的最早的一组大型石刻就是以此为题材的。原存于陕西省长安县常家庄村北的牵牛像，和长安县斗门镇梅绒加工厂内的织女像，两者东西间距仅有3公

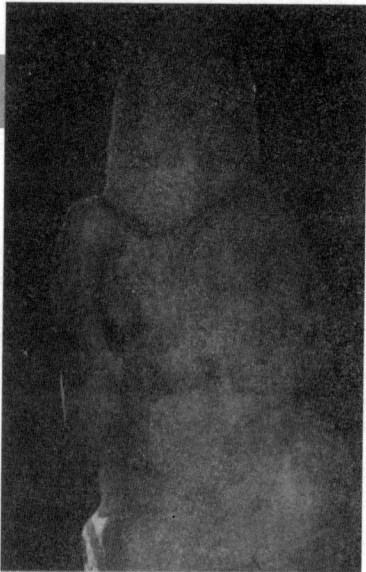

牵牛石像。汉武帝元狩三年（前120），在上林苑穿昆明池。为了象征池水浩瀚无涯，犹如天河，特地按"左牵牛而右织女"（班固《西都赋》）的格局，在池之东西两岸，分别建造两件大型石像。这是立在昆明池东岸的牵牛像。此石像保存良好，五官清晰，挺立的短发与衣裾的痕尚历历在目；身着交襟长衣，腰间束带，头及上身微向左侧，整体呈跽坐状。其右臂曲举，宛若持鞭；左臂贴腹，象征牵牛。作者通过宽阔的前额、眉弓、炯炯的双目、紧抿的嘴唇等细部形象的刻划，表现了牛郎坚毅憨厚的性格。

织女石像。这是汉武帝元狩三年在昆明池西岸所建立的织女石像。此像脸型圆润，发辫后垂，身着右襟长衣，抄手环垂腹前，作端坐态。保存状况欠佳，鼻，口部分已经后人重装，颈部有断裂痕，左臂及后背已遭风化剥蚀。但是，从它那蹙锁的双眉、下撇的嘴角和笼袖而坐的姿态中，不难看出被银河阻隔、不得与牛郎团聚的织女所独具的痛苦神情。

里。据《汉书》记载，它们是元狩三年（前120）在上林苑汉昆明池边建立的。采用花岗石雕成，造型简洁，风格古朴。

## 汉发明井渠施工法

　　元狩三年（前120），为解决陕西西北洛水下游东岸10000多顷咸卤地的灌溉水源问题，汉武帝征10000多人挖龙首渠。

　　龙首渠中间有商颜山，由于土松渠岸易坍塌，当时的施工采用了井渠施工法。具体建造方法是从接近水源的地方起挖一条暗渠，然后每隔一定距离穿一个通往地面的竖井，使井与渠相连。龙首渠长达10余里，最深处井为40余丈，历时10年竣工，是一项极为复杂的工程。

　　龙首渠开我国隧道竖井施工法的先河。由于龙首渠渠长10多里，如果只从两端对挖，施工面积小，洞内通风、照明条件也差；采用井渠施工法，既增加了开挖工作面，加速了施工进度，又改善了洞口通风与采光条件。另外，龙首渠的开凿是在中间隔山，两端不通视的情况下同时施工的，在这种情况下进行渠道定线与多工作面同时施工，同时又要保持渠线吻合，工程难度较大，因此，它的开挖成功，也可见当时测量技术有相当高的水平。

井渠

　　井渠施工法汉朝时在西域得到推广，随着丝绸之路的出现，这项技术又传到中亚。

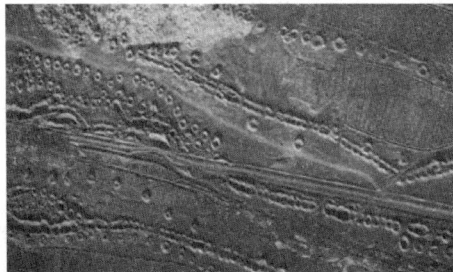

坎儿井。坎儿井始掘于西汉，是古代西域地区特殊的灌溉取水工程。图为从空中俯视的坎儿井。

**089**

# 西汉

**119B.C. 汉元狩四年**

初行盐铁官营，并行算缗令，其法多由张汤制定。

霍去病、卫青分率大军深入漠北，重创匈奴。去病封狼居胥山。汉匈大规模战争状态结束。从此，漠南无匈奴王庭，汉与匈奴进入相对和平共处时期。

张骞率随员三百，携丝绸、金银和牛羊出使乌孙，是第二次通西域。

**118B.C. 汉元狩五年**

三月，罢三铢钱，更铸五铢钱。

**117B.C. 汉元狩六年**

大农令颜异坐腹诽死。自是有腹诽之法。是岁霍去病死。

**116B.C. 汉武帝元鼎元年**

元狩、元鼎间通褒斜道，从扶风眉县西南越褒水、斜水河谷抵汉中，成为西汉以后往来秦岭南北的重要栈道之一。至此，已有褒斜道、党骆道、子午道和嘉陵故道四条通蜀栈道。

**115B.C. 汉元鼎二年**

令铸币权专归上林三官，非三官钱不准流通，为国家垄断铸币权之始。

相传武帝及群臣合作《柏梁诗》，诗为七言，人各一句，句皆用韵，是为柏梁体，后世视为联句诗及七言体之滥觞（此诗或说伪作）。

张骞与乌孙使者数十人同归长安，是为西域使者首抵中原。此前，骞至乌孙，即遣副使持节分赴大宛、康居、大月氏、大夏、身毒、安息、于阗诸国，未几，诸国多遣使随汉副使东来。此后，中西使者相望于道，中亚乐器、舞曲、雕刻、绘画艺术相继传入中国。

**113B.C. 汉元鼎四年**

此时前后，朔方、西河、酒泉、汝南、九江、泰山皆大兴水利，关中亦开龙首、灵轵、成国。

**111B.C. 汉元鼎六年**

南越相吕嘉败死，南越亡。

**112B.C.**

法利赛人与撒都该人兴起于巴勒斯坦。

# 环首刀出现刀成为主要格斗兵器

　　西汉时期，随着钢铁冶锻技术的进步，出现了用钢铁制造的一种新型的刀，即环首刀。它直体长身，薄刃厚脊，短柄，柄首加有扁圆状的环，故称为"环首刀"。它的出现，标志着刀已成为古代军队装备的主要格斗兵器之一。

　　在河北省满城县西汉刘胜的古墓中出土了一把环首刀，套有鬃漆木鞘，环首用金片包缠，极为华美，显示出封建贵族的富贵奢侈。环首刀在西汉时期发展较快。河南省洛阳市西郊的一批西汉墓中就出土了大量的较长的环首刀，长度为85～114厘米。后来，百炼钢和灌钢技术用于造刀，由此适于劈砍的短柄钢刀成为了步兵和骑兵的主要格斗兵器。在山东省苍山县发现了东汉永初六年（112）造的"卅湅"钢刀，全长111.5厘米，刃部经过淬火，质量优良。

　　战国以前青铜刀不如剑重要，而汉代环首刀的出现使得刀成为了军队主要的格斗兵器。环首刀一直沿用到魏晋以后。

# 铁铠取代皮甲

　　西汉时期，铁铠逐渐取代了皮甲。铠甲是中国古代将士穿在身上的防护装具。先秦时，主要用皮革制造，称"甲""介""函"等；战国后期，锋利的钢铁兵器逐渐用于实战，促使防护装具发生变革，开始用铁制造，改称从"金"的"铠"，皮质的仍称为"甲"。

　　西汉时期的铁铠经历了一个由粗至精的发展过程。从用较大的长条形的甲片（又称"甲札"）编的"札甲"逐渐发展为用较小的甲片编的"鱼鳞甲"；由仅保护胸、背的形式，发展到有加保护肩臂的"披膊"及保护腰胯

西汉动物纹臂甲

**091**

的"垂缘"。河北省满城县西汉刘胜墓中出土了一领铠甲，是有披膊和垂缘的"鱼鳞甲"，由 2859 片甲片编成，总重 16.85 千克，制工精湛。

自西汉以后，甲片的形制和编组方法变化不大。但随着钢铁加工技术的不断提高，铠甲的精坚程度也就日益提高，类型也多了起来，其防护身体的部位逐渐加大，功能日益完备。

## 漠北大战·汉匈自此无大战

砖范刻文。内蒙古自治区呼和浩特出，正面有千秋万岁，安乐未央。从书体考察，应是西汉时物。它反映了汉与匈奴间长期和好的愿望。

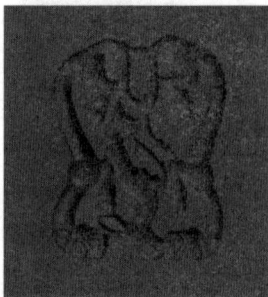

匈奴双豹袭鹿铜饰牌

元狩四年（前 119），汉、匈军队在漠北一带发生激战，汉军大胜。从此，匈奴远遁，汉朝基本解除了匈奴的军事威胁。

击败匈奴，是西汉商人地主的迫切要求。汉武帝审时度势，于前 118 年命大将卫青、霍去病等人率领远征军远征匈奴。卫青、霍去病各带领 5 万骑兵、4 万随军运装行装之私人马匹和数十万步兵及转运者，分别从定襄（今内蒙和林格尔）、代郡（今河北蔚县）出发，越过漠北追击匈奴。

卫青率军行千余里度漠，扎环状营，以兵车自卫，然后命 5000 骑兵去单于阵中挑战，与万骑单于骑兵发生激战。天近傍晚时，漠上刮起大风，飞沙走石，于是卫青趁机令左右翼骑兵从侧面迂回包抄。单于战不能胜，守不能支，被迫撤营冒险突围，向北遁去。汉军乘胜连夜追击，直至颜山赵信城（今蒙古讷拉特山）。是役，卫青捕获或斩首匈奴军 1.9 万余人，大胜而返。

霍去病亦率军与匈奴左贤王之军作战，追至 2000 余里，把匈军逐出居胥山（今蒙古德尔山）以远。霍去病在战争中足智多勇，俘虏匈奴小王 3 人、将军和相国等高级官员 83 人。匈奴军死伤 70443 人。是役，令匈奴元气

匈奴古墓杂技壁画

大伤，闻风丧胆。此后，匈奴长期游牧于漠北，无力南下。

通过漠北之战，匈奴远遁，漠南一带没有政权统治，亦不再受匈奴侵扰。而汉军也因骑兵缺少骏马，没有再次去漠北讨伐匈奴。这样，匈、汉相安无事，长期没有发生大规模的战争。

武帝战胜匈奴，打通了到塔里木盆地及中亚的商路，匈奴控制的河西走廊被汉朝接管。从此，在从中原到中亚的丝绸之路上，西汉的外交使节和商人源源不断，丝绸之路逐渐形成中西交流的一座桥梁。

# 汉武帝大兴水利

武帝时，水利事业蓬勃发展。他们已能有计划地运用多种方法利用自然的水源，控制自然的水源，进行人工灌溉。早在文帝时，就重视兴修水利，蜀郡太守文翁曾引水灌溉繁田千七百顷。武帝大兴水利，如：穿渠引渭水，溉田万余顷；穿渠引泾水，注渭中，溉田4500余顷。还穿渠引汾水、河水、洛水以灌溉各地。朔方、西河、河西、酒泉，都引河或川谷以溉田；而关中，辅渠、灵轵引堵水，汝南、九江引淮，东海引巨定，太山下引汶水，皆穿渠以溉田各万余顷。其余披山通道的小渠更不计其数。而最负盛名的则是白渠的开凿，时有白渠之歌曰："举臿为云，决渠为雨，衣食宗师，亿万人口。"由此，我们可以想象当时水利事业的盛况，以及水利事业对于农业生产的益处。

洛河。汉代由长安到钱塘的东西大运河，其重要性及规模并不亚于世界著名的京杭南北大运河。而东西大运河开凿的时代，则早于南北大运河一千四百年，它的南段为以后的京杭运河所利用。图为东西大运河中段的洛河遗迹。

## 张骞再使西域

元狩四年（前119）汉武帝接受张骞的建议，再次命他组织使团出使西域。

张骞通西域图

前139到前127年，大探险家张骞已在西域各地游历13年，成为西域通。这次出使，目的是联络乌孙，以断匈奴右臂。乌孙原来臣服于匈奴，后兵力渐强，才摆脱了匈奴控制。张骞使团共有300名勇士，每人2匹马，还有万余头牛羊，以及价值数千万的黄金、钱币、绸缎、布帛等厚礼。

张骞率团抵达后，建议乌孙王归附汉朝，向东迁徙；汉朝愿把匈奴浑邪王的地盘封给他，还把公主嫁给乌孙王为夫人，两国结为亲家，共同防御匈奴。但乌孙不知汉朝版图实力，不愿东迁。张骞在乌孙未能完全如愿，就派副手持汉朝节杖，带着礼物，分别到大宛、康居、月氏、大夏等中亚国家联络，表示汉朝的友好。

元鼎二年（前115），张骞返回汉朝，乌孙派遣了几十名使者随同到长安报谢，开始与汉朝通商友好，不久，张骞所遣副使亦陆续返回，中亚各国多与汉朝开通往来。汉与西域交通从此揭幕。

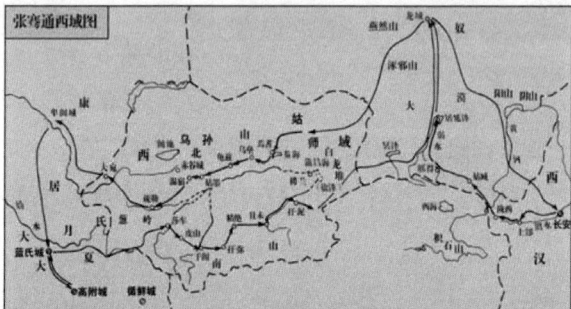

## 置均输官于郡国·铸三官钱

元鼎二年（前115），大农令孔仅、大丞桑弘羊在各个郡国设置均输官，以促进商品的流通，前113年，废除白金，禁止郡国铸钱而专令上林三官铸钱，作为唯一的法定货币。

西汉铸币政策变来变去,钱出多门,铸币权为各方掌握,货币名义价值与实际价值又经常不一,严重防碍了国家与社会的生产和生活。因此,统一货币、币制改革势在必行。

所谓三官钱,就是五铢钱,因源于上林三官而得名。三官钱专由水衡都尉所属设在上林苑的钟官、技巧(一说为均输)、辨铜三官负责铸造。钟官直接掌管铸造,技巧主刻范,辨铜负责原料供应及检验铜的成色。三官钱选料严格,翻铸精致,重如其文,不易伪造。

三官钱通行后,以前所有的各种铜币,如半两钱、五分钱、四铢钱、赤仄钱及银币、皮币等一律废止,铜币遂规划如一。自此以后,历七八十年,直至平帝时,通行的钱币都是五铢钱。在当时,此种五铢钱的铸造额,竟达 280 亿万余。

汉五铢钱。汉武帝时铸造五铢钱,通行全国,禁止旧币使用。五铢钱大小轻重适中,是中国货币发展史中较成功的一种铸币,延续使用到隋末,长达七百余年。

汉代作为赏赐用的金五铢

三官钱流通之后,盗铸之风一时止息,民间铸钱者越来越少,但是,大奸仍然盗铸如故。

置均输、铸三官钱解决了长期困扰的货币混乱问题,币值也长期保持稳定。货币统一,也促进了民间商业、国民经济的发展,中央集权的政治制度进一步获得了经济上的保证。

这也是我国历史上第一次把铸币权统一收归中央,具划时代的历史意义。

## 乌孙使者至长安西域始通

元鼎二年（前115），张骞第二次出使西域归途中带领几十个乌孙使者到汉长安报谢，此为西域使者首次来中原，揭开了汉与西域交通往来的序幕。

乌孙系汉时中亚一民族，位于今新疆西北部伊犁河和伊塞克湖一带，首都赤谷城。张骞于前119年出使西域，把价值"数千巨万"的金帛货物献给乌孙王。在此情况下，乌孙王派遣使者数十人随张骞到长安联络，献马报答，并表示愿娶汉公主和亲。此后，大宛、康居、月氏、大夏也遣使来中原。西北诸国从此与汉朝交往。

使节往来，还进一步促进了西汉与中亚商路的发展。

## 李广自杀

元狩四年（前119），民族战争英雄李广自杀，西汉政府失去一名著名的将领。

李广曾经领军跟匈奴进行过大小战役70多次，每次都所向披靡，有进无退。因战功卓著，被人誉为"飞将军"。前119年，李广从卫青征战漠北，因奉命绕道东线，不幸迷失道路，贻误战机。卫青命长史究治李广失期后至之罪。时李广已60多岁，不愿再上公堂受审，慨然自杀。自杀前还勉励士卒努力杀敌报国。

李广平日爱恤士卒，深得部下敬重。李广一死，士卒失声恸哭，悲痛不已。

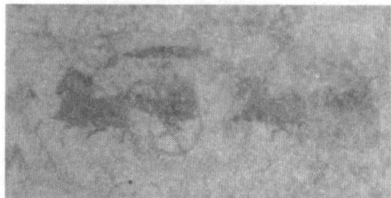

车马壁画。汉代对车马的使用有严格规定，等级分明。图中表现的是王公贵族所乘的轺车。

## 司马相如病逝

元狩五年（前118），西汉辞赋家司马相如病逝，走完他的人生历程。司马相如生于蜀郡成都。他是汉代最富于天才的辞赋大家。其赋以宏大的结构、华丽的词语、铺张排比的艺术手法，反映了汉帝国处于上升时期的新兴景象。相如曾作赋29篇，其中以《子虚赋》、《大人赋》、《哀秦二世赋》、《长门赋》等为最有名。其《子虚赋》，历陈山川形胜及物产等，几若"地理志"，这成为后世赋的模式之一。司马相如之赋词藻靡丽，冠绝当时，继楚辞之后，又引导了一朝文学主流。他与卓文君的爱情故事还广泛流传民间。司马相如病逝，汉赋发展因之减色。传世《司马文园集》，常为后世文人学士研读。

## 桑弘羊推行均输和平准

桑弘羊（前152～前80），河南洛南（今洛阳）人，出身于商人家庭，13岁入宫为侍中，因能"言利"深得汉武帝的信任，历任大农丞、治粟都尉、大司农和御史大夫等职，执掌西汉中央财经大权长达30多年，是西汉时期杰出的理财家。他在协助汉武帝推行盐铁官营政策的基础上，又针对贡物运输和物价管理出现的问题提出了均输和平准政策。

前115年，桑弘羊任大农丞时提出试行均输政策，至前110年升任治粟都尉兼领大农令后大力推行。均输，指各郡国除将特优贡品直接运送京师外，一般贡品应按当地市场价格折合成一定数量的土特产品，交给中央政府在各郡国设置的均输官，由其负责运至其他价贵的地区出售。这样既可进一步减轻农民在实物运输中的徭役负担，避免贡品在运输中损坏或变质，又可以限制依靠从事地区间贩运贸易致富的大批暴发商人的活动，增加国家的财政收入。平准是桑弘羊借鉴战国时期李悝实行的"平籴"法并运用市场经济规律

于前110年提出实施的一种经济政策，即中央政府运用手中掌握的大量物资和经济力量，当某种商品贵时抛售，贱时收买，使物价保持比较稳定的水平，这样既可以保证物资供应，防止富商大贾操纵市场从中谋利，又可以使中央政府获得一定的收入。至前104年，大农令充实调整为大司农，下设平准令丞负责管理此事。

桑弘羊推行的均输和平准政策构成了官营商业的统一体系，虽然在盐铁会议上受到贤良文学派的抨击，但仍对后世封建国家管理经济活动影响很大。新朝王莽的市平法、唐代刘晏的常平法以及北宋王安石的均输法和市易法，都是在借鉴桑弘羊的均输和平准政策的基础上实行的。宋代以后，随着商品货币经济的进一步发展，均输思想日益消亡，官营的平准机构也不再存在。

## 置酒泉、武威郡

元鼎二年（前115），自今日甘肃凉州以西，西至玉门一带的地方为西汉所有。西汉因置酒泉、武威二郡，以统治其地。

张骞第二次出使西域时，动员乌孙王东迁未果，乌孙王不肯受封浑邪王故地。于是汉武帝于该地设置了酒泉郡（今甘肃酒泉）、后又从其析出一地方置武威郡（今甘肃武威）。此后，武帝又数次鼓励人民到酒泉、武威一带垦荒种地、定居边疆。

置酒泉、武威郡，对于加强汉民族与西域的往来有重大意义，它保证了河西走廊的畅通，并断绝了匈奴与羌人的通道。

## 实行官营盐铁·算缗钱

西汉时，各类手工业都出现国营工场，由政府设置各种工官分别管理。国营手工业的发展，以盐铁业最为典型。

冶铁是一般手工业发展的指标，盐则为一般人民日用生活必需品。汉兴，承秦旧制，盐铁私营更为发达。武帝时，因边防用度不足，决定实行盐铁专卖，

运城盐池。盐是生活必需品，也是官府控制最严的商品之一。图为二千多年前汉代已大规模开采的山西运城内陆盐池。

以"佐助边费"。盐铁国营的办法是：由国家给与盐铁生产者以生产手段与生活资料，使制盐、铁的事业完全属于国家。如国营之后，仍有人敢私自铸铁、煮盐者，则没收其生产工具，并处以钛左趾之刑。至于国营盐铁的行政机构，则除中央设置大农丞或盐铁丞以外，于出铁的地方，皆设铁官或小铁官，以管理铁器制造和买卖的事务；于产盐的地方则设盐官。自是以后，盐铁工业完全隶属于国家，盐铁之官布满天下。西汉时，已遍及今之陕西、四川、河南、山西、河北、山东、安徽、江苏、甘肃、湖南、辽宁一带。

武帝元狩四年（前119），汉朝恢复原来算贾人缗钱的旧制。中家以上，基本都被算缗。算缗主要有三种类型：一是对各类商

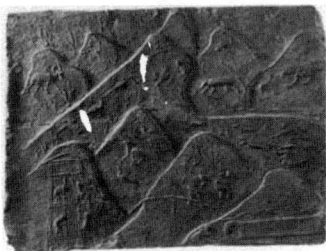

井盐生产画像砖

人进行资产编册，征收财产税，税额为每2000钱一算（每算120钱）。二是对手工业者征收财产税，每4000钱一算，税率为商贾的一半。三是征收车船税，一般非官方辄车每车一算，商贾辄车每车二算；船五丈以上一算。

也有人认为缗指钱贯，一贯千钱出算20。

铁的官营对增加国家财政收入，抑制商人势力，改进与推广先进技术方面起了积极作用。盐的官营虽增加了国家财税收入，限制并打击了大工商业主，但也加重了人民负担，特别是算缗，加重了百姓的负担，一般中等商人也多因此破产。

## 汉军平定西南夷

元鼎六年（前111）春，汉军平定西南夷。

本年，且兰（今贵州都均北）君杀汉使及犍为太守，并率其众造反。西

持杖跪坐铜女俑。为古代云南滇族妇女的真实写照。

持杖跪坐铜男俑。为古代云南地区滇族男子的真实形象。

博南古驿道。前122年，张骞自大夏国回国之后，向汉武帝建议开辟西南道路。前105年，汉廷大规模开凿博南山道。通澜沧江。图为距今已二千多年的永平县段上的"九曲十八湾"。

汉组织巴、蜀罪人，派遣中郎将郭昌、卫广为将，迎击叛军，诛且兰及邛君、笮侯，逐平定南夷，置为牂柯郡（郡治且兰）。夜郎侯始倚南越，南越灭后，夜郎侯觐见朝庭，汉封他为夜郎王。西夷冉、駹等国皆震恐，纷纷臣服于汉朝。汉朝廷即以邛都为越巂郡（今四川西昌东南），笮都为沈黎郡（今四川汉源东南），冉、駹为汶山郡（今四川茂汶东），广汉西白马为武都郡（郡治武都，在今甘肃成县西）。

## 汉征四方

西汉武帝时，政权如日经天。武帝刻意经营边疆地区，不断派军征讨四方，胜利进军，创造了辉煌的业绩。

武帝即位数年，即征讨东瓯、两粤、江淮之间；唐蒙领军凿山通道千余里，西汉彩绘骑马俑。充分显示汉军的威武阵容。

臣服西南巴蜀之民；东北则收朝鲜，置苍海郡。最浩大的征伐是汉匈之战，可谓兵连而不解，年年共其劳。当时，羽檄飞驰，急如星火，号角之声，遍于全国，到处都可以看到开上前线的军队。这些远征军或楼船浮海，或开山劈道，或轻骑出塞，或重装屯田，前仆后继，征战不绝。

汉朝的战事，大都在短期内胜利结束。随即在该地设置郡县治理，并移民实边，如平西南夷置五郡，败匈奴置四郡。

匈奴是汉经营疆域的最大敌手。匈奴又控制中原到西域的唯一通道河西走廊，所以，汉朝以全力进行对匈奴的战争。前121年，西汉的军队，终于完全占领了河西走廊，打通了到塔里木的通路。

西汉的势力很快就支配着塔里木盆地诸国，但匈奴的小组骑兵，仍然出没于天山南北，遮去西汉的外交使节和商人。西汉的势力一天天西展，到前102年，李广利竟征服了大宛国（今哈萨克、乌兹别克一带），把汉朝的势力推进到中亚。

在日益扩大的战争中，也涌现了许多民族战争的英雄，如：王恢、韩安国、唐蒙、李广、卫青、霍去病等人。在这些英雄的统率下，西汉对匈奴、西羌、南蛮、东夷的征战，基本都胜利凯旋。

西汉政府在奠定我国疆域的事业中，在中国历史上创造了一页空前辉煌的纪录，同时也促进中外交通的发展和民族融合。

## 把握农时脉搏的"二十四节气"定型

我国古代历法,一直使用阴历月。由于季节寒暑的交替主要取决于太阳位置的变化,而这种变化在阴历中又得不到确切的反映,所以用阴历月指导农业生产很不方便。为了弥补这个缺陷,把握农时脉搏,我们的祖先很早就在历法中引进了节气的概念。

节气标志着太阳在一周年运动中的某一个固定位置,各种物候现象以节气为准,它们的发生、活动时间也就得相对固定。早在西周、春秋时期,人们就学会了用圭表测日影的办法确定春分、秋分、夏至、冬至四个节气,而夏至冬至、春分秋分以外的节气名,在先秦文献中也屡见不鲜。至迟到战国末期,已经完整地确立了太阳移动的黄道上二十四个具有季节意义位置的日期,这就是二十四节气,汉初的《淮南子·天文训》中有详细记载。作为二十四节气的补充,又有七十二候,这在《逸周书·时训篇》中可以见到。

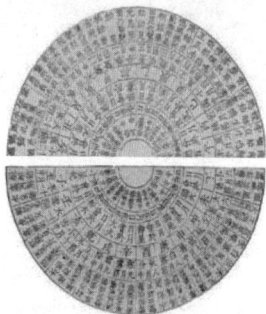

二十四节气。二十四节气是华夏先民根据农业生产需要创造的一种农事历,堪称古代农业科学上的一大创举。它根据地球环绕太阳运行所处位置的不同而划定。在我国应用至今。

## 落下闳参与改革历法

元鼎六年(前111),司马迁向刘彻建议改革历法,并推荐落下闳参与制定。

落下闳提出了"八十一分律历",被刘彻采纳,根据此,落下闳又创制一部天文观测仪——落下闳伙。此仪外形是一个浑圆球体,周长25尺左右,直径8尺;圆球由赤道环和其他几个圆环重叠组成,环上刻有周天度数和28宿星座的距度;圆环有固定的,也有绕天轴自由转动的,球体中间装置有直径1寸的窥管。观测时,只要转动圆环,以窥管瞄准某个天体,即能在圆环的刻度上推定此时的日、月、星辰的方位。经过近 7 年的观测和累积，终于编成一部新历法，即太初元年（前 104）颁布的"太初历"。

"太初历"是中国古代有文字记载的第一部完整的历法，中国第一次科学地测算了 135 个月的日触周期。它测定的五大行星会合周期，与现代天文科学所测定的数值相比，误差最大的火星只有 0.59 日，而误差最小的水星，仅差 0.03 日。"太初历"，还规定以每年孟春正月初一为岁首。

# 汉军俘南越王建德、相吕嘉·南越亡

广州南越王墓出土金玉龙形带钩

羊角玉杯。广州南越王墓出土。这件角形玉杯，在目前出土的汉代玉器中实为罕见。其造型奇特，工艺精湛，堪称稀世之珍。

元鼎六年（前 111）春，汉军俘南越王建德、相吕嘉，南越亡。汉于其地置南海、苍梧、郁林等 9 郡。

南越，秦时已置郡。秦末群雄相争后，南海郡任嚣病危，召龙川令赵佗行南海尉事。赵佗乘秦末战争与楚汉相争之机，占据南海、桂林等郡，自立为南越王。

高祖十一年（前 196）五月，高祖派陆贾使南越，拜赵佗为南越王，令其称臣，使和集百越。吕后掌权后，赵佗于高后五年（前 183）自称南越武帝，发兵攻长沙，败数县而去。高后七年（前

西汉龙形灯。南越王墓出土。

181）九月，吕后遣将军周灶将兵击南越。七月，因吕后死，罢攻南越兵。赵佗因以兵威财物贿赂遗闽越、骆越等，使他们成为自己的下属国。

**103**

大
汉
盛
世

西汉立鸟灯。南越王墓出土。

西汉龙形灯。南越王墓出土。

文帝元年（前179）八月，再遣太中大夫陆贾出使南越，赐赵佗书，说服赵佗与汉通好。赵佗报书愿去帝号，向汉族称臣进贡。汉仍以赵佗为南越王，统领其地。

建元四年（前137），南越王赵佗死，其孙文王赵胡即位。建元六年（前135）八月，闽越王郢兴兵击南越，南越王使人书告刘彻，刘彻派大臣王恢、韩安国等统兵击之，兵未至，闽越人杀郢而降。元鼎四年（前113），汉派遣使者告谕南越王内属，将他们同诸侯王一样看待，用汉法，激起越人不满。南越王吕相吕嘉造反，杀汉使者及南越王赵兴及王太后，更立建德为王。汉即遣伏波将军路博德、楼船将军杨仆等率领罪人、楼船士及夜郎兵10余万，5道出击南越。元鼎六年（前111）春天，汉军火烧番禺城（今广州），俘南越王建德、相吕嘉，南越亡。

## 汉武帝巡行天下封于泰山

元鼎四年（前113）至元封元年（前110），雄才大略的汉武帝为了体现"皇恩浩荡"而巡行天下各郡国，声势极为浩大。

汉武帝（前156～前87）刘彻，前141年即西汉皇帝位，在位时间长达55年。他在加强中央集权、选贤举能、经营疆域，发展儒学等方面均有重大举措，是秦始皇之后又一位具有雄才大略的封建帝王。

和所有的封建帝王一样，汉武帝也喜欢到各地巡游，或为游乐，或为求仙，或为封疆。早在前138年，武帝就经常作小范围的巡行。此后，大规模巡行天下共有三次，分别至郡国、朔方和至海上封禅。

元鼎四年（前 113），汉武帝始巡郡国。首先东渡黄河至河东（今山西夏县），河东太守因不愿武帝驾临而自杀；后又西行至陇西（今甘肃临洮），陇西太守因招待不周，畏"罪"自杀；又北出萧关（今宁夏固原），行猎到新秦中（今内蒙河套及鄂尔多斯），因见新秦中人烟稀少，遂令百姓迁徒于此，以充实边疆，并除其算缗令，促进经济发展。

元封元年（前110），武帝欲仿照古巡狩行封禅事。是年正月，武帝东巡至海上，寻求长生不老之方。当时齐地方士供出了神怪奇方无数，可全没有应验。因求方心切，武帝甚至令数千人入海求蓬莱神人。四月，武帝

泰石刻石残字

再次东巡海上，封泰山下东方，如郊祠泰一之祠；封广丈二尺，高九尺，其下藏玉牒书。如此这般封禅之后，又登泰山封禅，并因此下诏改年号为元封，规定每五年修封一次。

同年十月，汉武帝又北巡，登单于台，抵达朔方（今内蒙杭锦旗北）。这次巡行十分浩大，共有骑兵 18 万，数千里旌旗漫漫，威震匈奴。并遣使告知匈奴单于，要么速来决战以分胜负，要么不战即速表示臣服于汉。但是匈奴不愿到边地决战，而是遣使要求和亲，以示睦谊。汉武帝没有取得预期结果。

汉武帝屡次巡行各地，从骑动辄数万人，挥霍无度，堪称劳民伤财。巡行可张其国威皇威，但有好大喜功之嫌。特别是因迷信神仙，为方士术数所蛊惑而多次巡游各地，热衷于封禅和郊祀，这不但导致财源匮乏、迷信泛滥，还加剧了阶级矛盾。兴盛之中已经显现了危机的预兆。

# 朱买臣诬杀张汤

元鼎二年（前115），丞相长史朱买臣以御史大夫张汤断案不公，故意陷害张汤，发泄其对张的宿怨。结果，张汤自杀，买臣也被诛。

朱买臣，江苏吴江人，因上书被荐，得武帝召见，任中大夫。不久出任

会稽太守。因征伐东越有功，升到九卿。数年后因犯法免官，后复为丞相长史。

张汤与御使中丞李文素有宿怨，于是借故在审谳案时判处李文死刑，而诬告李文的正是张汤的亲信鲁谒居。后鲁谒居生病，张汤亲自为其摩足。赵王向与张汤有隙，认为张汤为属吏摩足，其中必有奸情。在追查此事中牵连到鲁谒居之弟，谒居之弟就使人上告张汤与谒居合谋处死李文之事。此时文帝陵园瘗钱被窃，丞相庄青翟涉嫌此案，张汤欲加以见知故纵之罪。丞相恐为张汤所害。于是纠合丞相长史朱买臣、王朝、边通共谋陷害张汤，上书告发张汤阴事。前115年，武帝以为张汤欺诈狡猾，切责张汤。汤遂畏罪自杀。其母认为张汤是被诬陷迫害致死，且家中资产又仅有500金，于是以牛车载其尸，有棺无椁而简葬。

西汉玉杯

武帝听闻其事，知其中必有冤情。查得丞相、朱买臣等诬告张汤虚实，于是将朱买臣等丞相三长史尽行诛杀。不久，丞相庄青翟亦下狱自杀。

朱买臣诬杀张汤，是各官互相倾轧争权的结果，说明强盛的汉朝吏治开始腐化了。

## 太宛良马入中国·中西交流密切

西汉时代，作为中国西境门户的大宛，是汉文化和希腊、波斯文化交接的前哨。

前104年，汉武帝刘彻曾派李广利率军攻打大宛，前后四年，历经两次战役，终于获得成功，击败了匈奴对天山南北交通线的干扰，将其势力逐出了天山，打通了与大夏等国的国交，而大宛也于前102年归顺了汉朝，汉考虑到大宛是中国和西域各国文化链条上不可或缺的一个环节，即与大宛互通有无，维持友好外交关系。

李广利对大宛首次出战的目的就在于取得大宛贰师城中名贵的汗血马，遭到失败。两年后，再次出战得胜后，汉军从大宛得到了几十匹汗血马，以及中马以下牡牝约三千多匹。在张骞出使乌孙前后，汉曾从乌孙得到优良的乌孙马（伊犁马），汉武帝对其极为欣赏，名之为"天马"。而自从从大宛获得汗血马后，这种出红色汗液的名贵马品格更高一筹，于是刘彻干脆将汗血马命名为"天马"，而将乌孙马改称"西极马"。

西汉粉彩骑俑。马杨首伫立，身体雄健，具有旺盛的生命力。

从此，汉代从大宛成批输入良种马匹，这在内地的经济生活上引起了很大的变化。汉代内地的养马业由于大批骏马从中亚各地的输入而得到了极大的促进，这不仅壮大北方边塞地区装备的骑兵，而且也刺激了在交通运输中使用大量马匹作为力畜。东汉首都洛阳的贵戚官僚，常常在嫁娶的仪仗队中，使用长达数里的车骈，骑奴侍童和车马相并，显示其威势赫赫。

除了由大宛获得良种马外，李广利还从大宛得到了苜蓿、葡萄种子。刘彻在长安的园囿中首先提倡引种苜蓿，专辟了苜

西汉铜马与铜俑。出生于广西，是岭南与中原地区联系日益紧密的标志。

蓿园，而葡萄也在长安宫殿别馆旁被加以栽种，从此，北方内地开始栽种苜蓿和葡萄。大宛盛产的葡萄美酒，在其归汉之后，也成为中国北方特色别具的佳酿。

中国的丝绸，漆器也源源输往大宛等中亚各国。汉独有的铸铁（生铁），也是中亚各国所无，汉向这些国家运去的铜币以及俗称白铜的铜锌镍合金，

**107**

在当地被用来熔铸器物。另外，汉代中国先进的冶铁技术和军事装备，也深深吸引了大宛、康居、大月氏和安息等国家。同时，在汉代经过改进的中国弩机，通过大宛第二次西传，成为西方各国同类武器的楷模，中国内地的穿井开渠技术也得到广泛流传。

## 桑弘羊赐爵

元封元年（前110），武帝赐桑弘羊爵为左庶长，以褒其功。桑弘羊为官期间，推行监铁官营、酒类专卖、平抑物价和屯田戍边等一系列重大财政措施，对汉武帝时代的文治武功有重要贡献。

前120年，他入仕汉朝，历任大司农、搜粟都尉等，成为武帝时期制定和推行经济政策的主要人物。他主持了盐铁的官营，并于各郡国设均输机构，由政府经营运输和贸易。同时，在京师长安设立平准官，

桑弘羊

主持收购各地物产，以调剂并稳定市场，防止投机倒把。桑弘羊的经济政策，成效显著，使汉朝财政实力大大增强，各地仓库也谷物满溢，可谓物阜民丰，天下用饶。于是汉武帝赐桑弘羊爵位，表示奖赏。

## 丝绸之路形成

前138年和前119年，汉武帝两次派遣张骞出使西域，正式开辟了中国与欧亚各国的陆地交通路线。当时，从长安经甘肃凉州武威抵达对外通商的西陲城市敦煌，从敦煌出发通往欧亚各国的商路有两条：一条沿昆仑山北麓经今新疆境内翻越葱岭（今帕米尔高原）南部经大月氏（今阿富汗境内）、安息（今伊朗）诸国再抵达地中海，或南行至身毒（今印度），此为南道；

旋刻纹木柱。在古丝绸之路上，考古工作者发现了旋刻着精美花纹的一对木柱，各长76厘米。这对木柱的年代及其用途尚无定论，有人认为与宗教有关。

阳关遗址。阳关是汉王朝在河西走廊上建立的两座著名的关隘之一，丝绸之路开关初年，商队主要经南道横贯亚洲大陆，阳关扼其咽喉。

一条沿天山南麓西行经今新疆境内翻越葱岭北部经大宛（今费尔干纳盆地）、康居（今撒马尔罕附近）、奄蔡（临今里海）诸国，再西行抵达大秦（罗马），此为北道。北道和南道都在高山、沙漠和高原之间蜿蜒伸展，使节、求法高僧和驼商队伍往来其间，主要货物是丝织品，也有宝石、香料、药材和玻璃器具等。自张骞出使西域以后，中国大量的丝织品沿着张骞通西域的道路运往欧亚各国，历经东汉、魏晋南北朝和隋唐时期，直到元代由于蒙古西征破坏了中西亚的经济和文化后才开始衰落。这条横贯亚洲的中西陆路交通主要是运销中国的丝织品而闻名于世界，因此被中外历史学家誉为丝路或丝绸之路。

　　丝绸之路把欧亚大陆的几个国家和地区中国、安息、希腊、罗马、大食和马其顿等联系起来，在古代中西内陆贸易活动中具有很重要的地位。几千年来，中国和欧亚各国人民沿着这条长达几千公里的丝绸之路进行了极为丰富的政治、经济和文化交流。除经常互派使节进行友好访问外，还彼此输送自己的物产和技术。新疆和中亚各地的特产如石榴、芝麻、蚕豆、大蒜、胡萝卜以及骆驼、驴等传入中原地区，增加了中原农牧产品的品种，促进了黄河地区经济的发展；新疆和中亚琵琶等乐器以及舞蹈传入中原，丰富了中原人民的文化生活。同时，印度的佛教通过大月氏传到了中国各地。另一方面，中原地区冶铁、造纸、穿井等先进技术传入亚洲和欧亚各国，也有利于当地经济的发展。公元5世纪，中国的养蚕技术经由伊朗传入东罗马，罗马人民把

**109**

话说 中华文明

大汉盛世

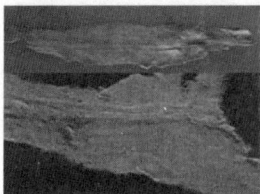
丝绸之路上出土的罗、绯色绢

织锦

玉门关遗址。汉代建立。

提英木古城遗址。又名安得悦古城遗址，在安迪尔河下游东岸的沙漠深处，距民丰县城约180公里，也是丝绸之路上的一个重镇。图为残存的城墙和佛塔遗迹。

西方人穿的中国丝织服装。丝织品始终为中西贸易的重要商品。西方人甚至将丝绸的价值比作黄金，在古罗马只有上层社会的人才能穿丝绸服装。图为雅典博物馆展出的中国古代丝织服装。

中国称为丝国，并在京城开设了专门销售中国丝绸的市场。西汉开辟的丝绸之路推动了东西方物质文明和精神文明的交流，对于发展中国各族人民和中国与欧亚各国人民之间的经济和文化交流起着很大的促进作用。丝绸之路无论从内涵还是从外延上都远远超过了其本意，成为一个东西方文明互相交往的同义语。

## 汉代与伊朗的文化沟通

    汉武帝时，张骞初次出使西域，第一次发现安息（今伊朗）是西域一个物产富饶且军事力量较弱的文明国家。前119年，张骞再次出使西域，派副使率庞大的使团，带着牛羊、黄金和丝绸到安息国。安息王为保使团不受干扰，派2万骑兵在边境木鹿（今苏联马里）接引。汉使回国时，又随即派使团往长安，向武帝进献大鸟卵（驼鸟蛋）和黎轩眩人（魔术师）。前111年，天山南路的北道和南道相继开通，丝绸之路在山岭间延伸，北道直抵安息国都和椟（今伊朗沙赫鲁德），南道进入伊朗南部，两道均以伊朗为终点。随着丝绸之路上使节的频繁往来和商贾的贸易拓展，中国的丝绸、铁器和漆器通过安息畅销西亚和地中海，西方各国珠宝、香药、毛皮和麻织物也经安息输入中国，中国与伊朗的文化交流和沟通也由此而日益广泛和密切。

在安息使用的波斯语里，因为中国丝绸的引入，产生了一些新的词汇。如波斯语的"越"，最初是借用汉语的"幡"。中国的幡传到安息后，变成了丝旗。安息军队中使用各色丝旗，也是从中国学去

传入中国的阿拉伯数字版

的。另外，西汉时中国生产的优质钢铁，是木鹿市场上广受欢迎的大宗货。木鹿以冶铸刀剑闻名，用的就是中国运去的铁、铅和锡。木鹿刀剑犀利异常，使安息骑兵在战场上大显身手，罗马史家普卢塔克将它专称为"木鹿兵器"。铜锌镍合金是中国的发明，称为"鋈"，俗称白铜。传入伊朗后，在波斯语中称为"中国石头"。伊朗人用白铜制作箭镞，可致命。古代伊朗有关镍合金的知识，是由大夏传去的，而大夏却得之于中国。公元2世纪大夏制造出镍币，就是得益于汉代中国和大夏、安息冶炼技术的交流。欧洲直到1751年才知道镍的存在。再有，波斯的穿井开渠技术，也是经丝绸之路由中国传去的。

西汉时中国的生产技艺传到伊朗，影响了伊朗的文明发展。同样，伊朗在安息时代富于独特风格和精湛技艺的美术、乐舞和杂技流入中国，也丰富了汉代中国的文化艺术。汉代的艺术，开始出现骆驼、翼兽和狮子等动物题材和纹饰。翼兽和狮子都源于伊朗的雕刻。东汉时翼兽作为镇墓兽和描在墓葬和祠堂壁间的画像石中，已相当普遍。209年建造的四川雅安高颐墓翼狮，就仿自波斯阿塔萨斯宫前的翼兽，并将双翼简化为中国式粗线条肥壮而紧贴胸旁的二重翅翼。这种风格在东汉时由安息传入的镇墓兽天禄、辟邪和麒麟中也可看见。在汉代流行的海兽葡萄镜中，葡萄和各种怪兽，包括翼兽的安息纹样成为流行图式。

汉代由安息传入的伊朗的乐器乐曲，对中国音乐的发展和进步极有影响。安息乐曲大多经由康居、龟兹媒介，现已无法稽考。而伊朗的竖箜篌、四弦曲项琵琶和筚篥流入中国后，风行一时，对中国音乐的发展有深远的影响。

汉代以后，在长安、洛阳流行的杂技中，伊朗的节目占有重要的地位。安息的黎轩魔术师的魔术变幻及化妆歌舞、假面戏剧、角力竞技、马戏斗兽，

**111**

在当时十分流行。

中国和伊朗的文化交流,随着丝绸之路的兴盛而频繁,在汉代时盛极一时,对伊朗文明和中国发明的发展都产生过深远的影响。

## 海上丝绸之路开创

汉代,中国与域外各民族的交往日益频繁,陆上丝绸之路开通,几乎同时,在南部沿海,联系海外民族的海上丝绸之路也拓展出来,丝绸及其他货品通过航船,源源运往海外,再从海外运回珠宝、棉布等等。

兽首玛瑙环。出土于陕西西安何家村。中国大量丝绸外销,西方亦有不少珍品传入中国。兽首玛瑙环造型具中亚古物风格,可能是通过丝绸之路传到中国来的。

中国东南沿海的百越民族素来擅长航海,和东南亚各地早有联系。汉以后,番禺(今广州)成为南方沿海的一个大都会,海内外物品都在此集散,附近的徐闻、合浦,连同汉代所属日南郡的边塞,更成为远航印度洋的启航港。

汉武帝时,曾派使者到达南印度东部科罗曼德的黄支国(今康契普腊姆)。此后,两国使者互往贸易,中国以黄金及各种丝织物,换取黄支的明珠、璧流离(蓝宝石)和各色宝石、珍奇货色,前230年,黄支是德干高原上一个强国,当地出产的周径二寸的大珠和以蓝宝石著称的各色宝石吸引中国人冒险远航。

西汉时到南印度洋的航线,都是沿大陆边缘延伸的。从徐闻、合浦出发,经10个月的航行,绕过马六甲海峡,到达泰国南部塔库巴的谌离国,在那里经过10多天的陆路,越过克拉地峡,在地峡西端帕克强河口的夫甘都卢国(今泰国克拉附近)继续乘搭印度船,沿孟加拉湾航行两个多月,才可到达人口众多、宝货汇萃的黄支国。西汉时与黄支交往相当频密。王莽摄政后,公元2年春,黄支国曾有3万里外献犀牛的壮举。

西汉武帝时已有使者经黄支国到达巳程不国(今斯里兰卡),这是当时中国使者经海上所到的最远的国家。东汉后,由于罗马对印度贸易繁荣,来自地中海和红海的各种珍奇物产和精巧手工艺品都汇聚于南印度东西海岸,

刺激中国航海家和商人开辟了从马来半岛西岸塔库巴到黄支以南科佛里河口科佛里帕特那（希腊航海家称卡马拉，今特朗奎巴）的直达科罗曼德的航线，在东北季风期只需时间一个月航期，从此，到斯里兰卡交易的中国人数量更多。

东汉时，中国航船在塔库巴、克拉和印度科罗曼德的索帕特马（今马尔卡纳）与科佛里帕特那（今特朗奎巴）之间，开辟了定期航线。在从索帕特马通过马纳尔湾向西直达罗马帝国的印度洋航线上，"航张七帆"的中国帆船已穿梭其中。据文献记载，东汉时，中国的帆船已经印度马拉巴海岸的莫席里港（今克拉格诺尔）到达埃塞俄比亚的港口阿杜利，并与阿杜利有使节往来。阿杜利在罗马东方贸易盛期，是中国帆船所到达的唯一被确认作罗马世界一部分的海港城市。

中国海上丝绸之路的开创，把中国的丝绸和其他货物从广州、交州，沿着马来半岛和印度次大陆，运送到亚丁湾和红海南端的埃塞俄比亚，并与罗马世界建立贸易往来，使中国人早在2世纪就与高棉人、马来人、泰米尔人、卡纳克人、希米雅尔人、埃塞俄比亚人及希腊人有了贸易和文化的交往，这是中国与罗马世界最早的直接交往。沿着海上丝绸之路的开创，黄河流域的中华文明得以传播，黑海和波斯湾的文明也流入中国，世界文化得到交流和融合。所以海上丝绸之路的开创在中国航海史和中国文明发展史，甚至世界文明发展史上都有着相当重要的意义。

## 中山靖王刘胜以大量珍宝入葬

汉中山王刘胜墓及其妻窦绾墓葬于河北省满城县陵山，夫妻同坟异葬，其中窦绾死年稍晚于刘胜，墓葬中完整地保存了刘胜死时入葬的大量珍宝，其中有许多精品、珍品，堪称考古史上的奇迹。

刘胜是汉景帝刘启之子，汉武帝刘彻的庶兄，景帝前元三年（前154）立为中山王，在位42年，死于武帝元鼎四年（前113），谥靖王。刘胜爱好饮酒，喜好女色，有子孙120多人。

西汉刘胜墓出土玉人

中山靖王墓出土卧羊灯。照明用具。灯作卧羊式，羊昂首，双角向前蜷曲，身躯浑圆，短尾巴。灯盘呈椭圆形，一端有一流，便于安置灯捻。羊尊的腹腔中空，可储灯油。此灯设计巧妙。

中山靖王墓出土朱雀衔环杯。弄器。器形作朱雀衔环矗立于两高足杯之间的兽背上。通体错金，以金为主纹。出土时高足杯内尚存朱红色痕迹，可能是作为放置化妆用品用器，制作精美。

金缕玉衣　刘胜和窦绾均以"金缕玉衣"作为殓服，这是我国首次发现的最完整的金缕玉衣，也是有准确年代可考的最早的玉衣，外观与人体一样，分头部、上衣、裤筒、手套和鞋五部分，全部由玉片拼成，用金丝联缀。刘胜玉衣用玉片2498片，金丝1100克，窦绾玉衣用玉片2160片，金丝700克。制造时需先把玉料切开，磨制成各种规格的薄片，再在四角钻孔。据测定玉片上有些锯缝仅0.3毫米，钻孔直径仅1毫米左右，工艺繁难与精密程度之高令人惊讶。

窦绾镶玉漆棺　装饰颇为特殊，也是考古发掘中的首次发现。漆棺内壁镶玉版192块，棺外壁及棺盖共镶玉璧26块，与玉衣加在一起，等于双重的玉匣，其权势和奢富可想而知。

入葬的铜灯共有19件，其中的长信宫灯、当户灯、朱雀灯、羊尊灯等都是别具一格的不朽之作。长信宫灯，铜质鎏金，全高48厘米，作一侍女跪坐执灯形。侍女左手持灯盘，右臂上举，袖口下垂成灯罩，灯盘可来回转动，中心有插烛的杆，上面弧形屏板可以开合，调节灯光的强弱和方向。灯体中空，烟灰可通过侍女右臂到达体内。灯座、灯盘、屏板、灯罩及侍女的头部都能拆卸，以清洁烟灰，设计得非常科学合理。当户灯仅高12厘米，下为半跪铜人，

中山内府镂。量器。

114

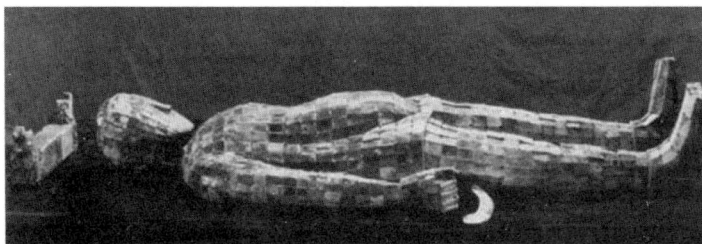

银镂玉衣

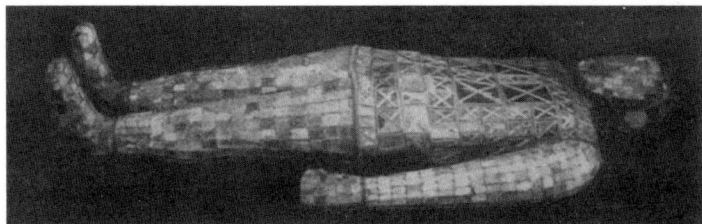

汉中山国靖王刘胜墓出土金镂玉衣。玉制，刘胜殓服，全长 1.88 米，用 2498 片玉片和 1100 克金丝编缀而成。玉片的大小和形状是根据人体各部位而设计的。这是能考证出准确年代的最早的、也是考古发现最完整的玉衣。

张嘴瞪目，形象丑恶，是当时强悍的少数民族匈奴的形象，可使敌不攻自破，反映了当时尖锐的民族矛盾。朱雀灯高 30 厘米，朱雀为南方火神，以它的形象作灯具，职司灯烛，它脚踏蟠龙，展翅欲飞，嘴衔环形灯盘，可燃 3 支蜡烛，制作精巧。羊尊灯铸成跪羊状，长 23 厘米，腹中空可盛灯油，背部掀开做灯盘，盘上有流嘴，放置灯蕊。五行中羊为南方火库，并取羊祥之意。

其他如二具帷帐，整套铜质构件完好无损，铜质鎏金，制作精美华丽，刻天干地支及各种数字作组装搭接的记号，可以复元，为考古发掘中所仅见。刘胜墓的一领铁铠甲属早期的"鱼鳞甲"，是现已发现的保存最为完整的西汉铁甲。还有大量青铜和钢铁制的兵器，铜弩、箭头、佩剑，工艺水平都极高。所出土的古代医具、筛器、灌散器，用于针灸的金、银医针和用于计时的铜漏壶，分别是研究中国医学史和天文学史的重要资料。精美绝伦的错金博山炉、错金银鸟篆文壶、鎏金银蟠龙纹壶和鎏金银镶嵌乳丁纹壶等，都是汉代铜器中难得的艺术瑰宝。许多漆器、纺织品以及车马、俑、钱币等类都代表当时的较高水平，值得重视。

中山靖王刘胜夫妻墓葬完整保存了如此丰富精工的随葬物品，对研究汉代考古和历史都有重要价值。

**115**

# 西汉

**109B.C. 汉元封二年**

塞瓠子决河复旧道。大作台观以候神仙。

**108B.C. 汉元封三年**

遣将破车师，俘楼兰王。夏，朝鲜尼谿相参杀朝鲜王卫右渠降汉，置为乐浪、临屯、玄菟、真番四郡。长安作角抵戏，周围三百里民众皆来观看。

**106B.C. 汉元封五年**

三月，封泰山。置朔方、交趾等州，凡十三部，皆置刺史。

**105B.C. 汉元封六年**

以江都王刘建女细君为公主，嫁与乌孙昆莫（王）猎骄靡为右夫人，猎骄靡年老，细君从乌孙婚俗，下嫁昆莫孙岑陬军须靡。

约是年前后汉使赴安息。

龙首渠约开凿于元鼎、元封间，首创了水利工程中隧洞施工方法。

**104B.C. 汉武帝太初元年**

命公孙卿、壶遂、司马迁等议造汉历，制订为《太初历》。

董仲舒卒。

**102B.C. 汉太初三年**

汉兵破大宛。是年发"七科谪"，从击大宛。

音乐家李延年是年前后因弟罪牵连。

**101B.C. 汉太初四年**

李广利获汗血马归汉，武帝命人作《西极天马之歌》以纪其事。


**107B.C.**

罗马将军盖约·马略任执政，实行军事改革，战争开始对于罗马有利。

**104B.C.**

森布里人与条顿人自北方侵入意大利，罗马执政马略帅兵御之。西西里岛再度爆发奴隶起义。西西里岛西部奴隶起义亦爆发，由雅典尼安领导。两部起义队伍不久合流，推举萨维斯为王。

**102B.C.**

罗马执政官马略帅师与条顿人战于马赛利亚（即马赛）附近，经长期艰苦战斗，罗马人终获胜利。

西西里奴隶起义失败。

# 朝鲜降汉

元封二年（前 109），汉武帝招募天下被判死罪的囚犯为兵，由楼船将军杨仆、左将军荀彘率领，分水陆两路进攻朝鲜。

汉代战船（模型）

元封三年（前 108）十二月，朝鲜王右渠发兵据险抗拒。杨仆、荀彘两军先后受挫。武帝派遣卫山到朝鲜宣扬兵威，劝降右渠。右渠接受劝降，并派遣太子入汉朝进贡致谢。但汉使卫山及左将军荀彘要解除太子及部众武装，太子引兵复归。汉两军进围右渠，数月不下。武帝降罪杀卫山，又派济南太守公孙遂前往朝鲜督战。公孙遂疑心杨仆私通朝鲜，设计将其逮捕，两军合归荀彘指挥。武帝又诛杀公孙遂。此后汉军加紧进攻。这年夏天，朝鲜尼谿相参使人杀朝鲜王右渠降汉。荀彘又平定了右渠大臣成己的谋反。于是，朝鲜平定。汉武帝在朝鲜设乐浪、临屯、玄菟、真番四郡，客观上有利于中朝之间经济、文化交流。此后，倭（古代日本）使经朝鲜驿通于西汉的有 30 余国。

# 司马迁开始撰《史记》

太初元年（前 104），司马迁开始动手撰修《史记》。

司马迁（前 145 ~ 前 86，另一说前 135 ~ 前 93），字子长，夏阳（今陕西韩城南）人。其父司马谈是专管文史星历的太史令，熟悉历史，通晓先秦诸子学术。司马迁幼时随父到长安学习经史，并曾问学于经学大师孔安国、董仲舒等。20 岁后旅行全国，足迹遍及长江、黄河流域，不久又以天子的近臣"郎中"奉使到过现今的四川、云南一带。还随汉武帝巡视各地，游览名山大川，查看风物，采访史迹。元封三年（前 108），司马迁继父职任太史令。从此得以饱览皇家的藏书与档案，准备继承其父未竟之业。太初元年（前104），司马迁与唐都、落下闳等共订太初历。与此同时，开始撰修《史记》。

## 汉代家具变化

汉代在继承战国漆饰的基础上，漆木家具进入全盛时期，不仅数量大、种类多，而且装饰工艺也有较大的发展。

汉代的人起居仍是席地跽坐（跪坐）或盘膝坐，垂足坐虽有但还未普及。常用的家具有几、案、箱、柜、床、榻、屏风、笥（放衣服的小家具）、奁（放梳妆用品的器具）、胡床（坐具，又称交床，绳床）等。这一时期的家具大致

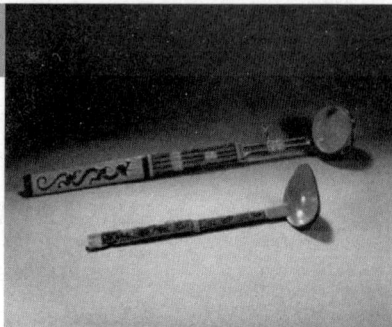

西汉彩漆龙纹勺。为现知时代最早之竹雕，一器兼备浮雕、透雕两种技法。明清竹雕每用竹节横膈作器底，亦已见用于此时。此勺工艺精巧，是竹胎漆器中的上品。

有如下特点和变化。第一是大多数家具均较低矮。第二，家具已由低矮型向高型演进。西汉时，由印度传入眮甈（榻登），它是用来放在床前以便上床的，这就说明床的高度有所增高。又据《太平御览》记载："灵帝好胡床。"胡床是西北游牧民族的一种可折叠的轻便坐具，坐时垂足。由席地坐演进为垂足坐是家具史上一大变革。第三，出现了软垫。《西京杂记》中记述，汉时天子的玉几上冬天加有丝绵织物，大臣的木几上则加用橐（毛毡缝制的口袋）。这是最早出现的软垫。第四，制作家具的材料较为广泛，除木材外，还有金属、竹、玻璃、玉石等。第五，在家具的装饰方面，也有了很大发展。除沿用传统的漆绘、油彩、针划、贴金银箔、镶银或铜扣箍等外，还发展了戗金（针划填金）、堆漆（用稠厚的漆堆成花纹）等工艺。漆饰后，有的还配以鎏金铜饰件，盖显华贵。此外，各种珠宝、玻璃也常作为家具的装饰材料。

## 刺史监察制度设立

四骑吏启戟画像砖。此画像砖主要运用浅浮雕手法，着力刻划四名马吏。图上四马生动活泼，姿态各异。

元封五年（前106）四月，汉武帝初置刺史。除三辅、三河、弘农7郡外，将全国分为冀、幽、并、兖、徐、青、扬、荆、豫、益、凉及朔方、交趾等13州（部），每州（部）设刺史一人。刺史每年八月巡视所部郡国，省察治状，断理冤狱，以"六条问事"考查郡县长吏。一条，强宗豪右，田宅逾制，以强凌弱，以众暴寡；二条，二千石背公向私，侵渔百姓；三条，二千石不恤疑狱，肆意杀人；四条，二千石选置不平，苟阿所爱，蔽贤宠顽；五条，二千石子弟依仗权势，请托所监；六条，二千石阿附豪强，割损政令。刺史年终回京师奏事。刺史内隶于御史中丞，还受丞相司直监督。其出巡时若不忠于职守，便会受到弹劾和处分。

刺史制度是一项打击诸侯王、郡守和地方豪强的措施，是一种比较严密的地方监察制度，对于加强中央集权起过重要作用。至东汉，刺史职权进一步加强，演变成郡县之上的一级行政建制。

## 汉与乌孙和亲

前138年、前119年，张骞两次出使西域，沟通汉与西域的往来。西域乌孙欲与汉通好，匈奴"怒欲击之"。乌孙王恐惧，遣使表示愿娶汉公主，与汉和亲。元封六年（前105），汉武帝把江都王刘建的女儿细君作为公主，嫁给乌孙王昆莫。昆莫以细君为右夫人。武帝每隔一年就遣使慰问悲愁思归的公主。后昆莫死，汉朝廷为联合乌孙共灭匈奴，令公主从其国俗，改嫁昆莫孙岑陬，生下一女后不久病死。太初四年（前101），汉朝又把楚王刘戊的

**119**

孙女解忧作为公主嫁给岑陬。解忧在乌孙达 50 年，先事岑陬，未生子女。岑陬早亡，王位由其叔父之子翁归靡继承。翁归靡即位后娶解忧公主，生 3 男 2 女，长男名元贵靡。翁归靡死后，解忧公主改嫁岑陬与胡妻所生之子泥靡。

汉与乌孙和亲，带有浓重的政治色彩，即为了"分匈奴西方之援国"，反击匈奴，达到稳定和保护北部边境的目的。客观上也促进了汉与乌孙的经济、文化交流。

## 中国年节逐渐形成

汉定天下以后，沿袭了秦匡正异俗稳定大一统政治格局的政策，休养生息使国力逐渐强盛，风俗文化也有不同程度的创造和定型，中国传统年节也在这一时期最终形成。

节日是民族风俗中最有特色的部分，我国的许多节日都经历了长期的民间流行，多可上溯到先秦，而其中的主要节日如除夕，元旦，

古代月饼模子

元宵，社日，上巳，寒食，端午，七夕，重阳等的风俗内容基本定型于汉代。

除夕与元旦是汉民族最重要的传统节日，"年"本为"丰收"之意，以祭祀方式庆贺丰收，祈祷来年的好收成，是"年节"的原始意义。汉朝初年，实行休养生息政策，国泰民安，汉武帝改行太初历，将正月初一称为元旦，由于此时正值农闲季节，便于举行大规模的隆重的节日活动，这些无疑受到当时的政治、文化尤其是农本思想的影响，同时带有

中秋拜月。中国古代帝王有春天祭日、秋天祭月的礼制，祭月即拜月。魏晋时流行中秋赏月，明代祭月之风遍及全国，赏月、吃月饼等习俗亦常盛不衰。

浓厚的巫术和宗教色彩。其贴门神，驱傩，放爆竹，祭百神，饮椒柏酒，放雀等一系列活动，无不是这些思想的反映。

汉武帝时，亳人谬忌奏请祭祀"泰一神"，得到信奉神灵的汉武帝的赞成，在甘泉宫修建一座太一祭坛，专供太一神，并于正月十五隆重地举行祭祀活动，祭祀灯火通宵达旦，张灯结彩度元宵的风俗从而形成，这是一个象征团圆、美满的节日，在新年第一个满月之夜，祈祷神灵的佑护，反映了人们对幸福圆满的向往和渴望。

由于春季是瘟病和感冒易发的季节，因此每年三月上巳日，女巫就在河边举行仪式，为人们消灾祛病，人们用浸泡了香草的水沐浴，以便祛除疾病和不祥，因而上巳节的仪式又被称为祓禊、祓除。盎然的春意唤起了人们的愉快情绪，使这个节日充满了健康、欢乐的气氛。

寒食禁火反映了原始宗教的火神崇拜，最初为清明前一二日，唐以后才合二为一。清明虽为二十四节气之一，却包含了一定的风俗和某种纪念意义，因而又独立为一个节日，其最主要的活动是扫墓，起源于先秦，秦汉以后盛行起来。

端午龙舟节

中秋佳节。清代杨柳青年画。

端午节称纷繁，它最初萌芽于民间巫术和巫医活动，先秦时是北方中原驱邪避瘟的日子。南北风俗也各有不同，挂菖蒲饮菖蒲酒和吃粽子是汉代端午的重要习俗，而龙舟竞渡的热闹场面，当也源于民间的原始崇拜，后来又被直接附合于纪念屈原的活动。

汉代以后，七夕节和重阳节也定型下来，这反映了汉代人对幸福爱情和长寿的向往。

中国传统年节在秦汉时虽已定型，但却具有浓厚的迷信色彩，反映了他们以农业为本的思想和生活及伦理观念，神话传说构成其生动话题，道教、佛教的影响也十分明显，但娱乐成分明显增加了。所有这些都直接沿续下来，构成我们今天日常生活的组成部分。

**121**

大汉盛世

# 汉改用太初历

元封七年（前104）五月颁行了邓平、落下闳等人创制的新历，并改此年为太初元年，这一历法后来被称为《太初历》。这是中国第一部有完整文字记载的历法。

太初历建立在当时天文实测的基础上，它采用夏正，以冬至所在月作为十一月，以寅月为正月，以正月为岁首。这与一年的农事起始时间符合，适应人们春夏秋冬四季作为一年的习惯。同时《太初历》以没有中气的月份为闰月，以135个月为交食周期。《太初历》采用八十一分律历，以音律起历，一个朔望月是29又43/81日，平均历年长度是365又385/1539日。另外《太初历》记录了日食、月食周期，还测定了五颗行星的会合周期。

汉简历谱

《太初历》的形成在阴阳五行说盛行的年代，它的出现带有其独特的政治、宗教含义。《史记·历书》记载，汉高祖刘邦相信五德终始说，自以为得了水德，所以沿袭秦代的历法。汉孝文帝时，有人上书认为汉是得土德，于是有了改历一说，到汉武帝时就实现了改历。五德终始是战国时期阴阳家邹衍的历史观，土、水、木、金、火为"五德"，五种性能从始至终、终又复始的循环运动为"五德终始"，他认为这是历史变迁、王朝更替的根据。这一学说产生了深远影响，汉武帝改历就是为了使历法与五德终始说相适应。《太初历》既未改动甲寅年的年名，又在实际运算中将太初元年定为丁丑，所以既顺从了皇帝意愿，又没破坏纪年连续性，所以它本身就有政治宗教双重含义。

在中国历法史上，《太初历》的出现也是一次重大转变，战国时期一直到汉武帝改历用的都是颛顼历，以365又1/4日为一个回归年，称"四分历"，而《太初历》则是以365又385/1539日为一年。

最终在元和二年（85）由于太初历的回归年和朔望月数值太大，加上历元也有误差，于是改而颁发了李梵、编诉等人制订的四分历。《太初历》从前104年颁行用到84年，共施行了188年。

## 中国发明犁壁

我国劳动人民早在春秋战国时代就发明了铁制犁铧，这种坚硬、锋利、耐用的简易铁犁铧从战国到西汉都广泛地使用。西汉时期，由于冶铁技术的发展，新型农具不断出现，人们又在全铁制的犁铧上装置了犁壁。犁壁的

铸釜图。《天工开物》铸釜图中的化铁炉。

发明是耕犁发展史上的第一次重大突破。犁壁在犁铧的上方，具有深耕、翻土、碎土的良好作用，这是只能破土划沟的无壁犁做不到的。

1972年在甘肃武威磨咀子的汉墓里发现的一件西汉的木犁模型，就是由犁梢、犁床、犁辕、犁箭等部件构成，其最主要的特点就是增加了犁床，这样才能在上面安装犁壁。有犁壁不仅能深耕翻土，还能开沟作垄，并可以中耕培土和除草，耕速也比原始的犁大大提高，有利于抢时耕作，不误农时，更能适应精耕细作的需要。

有壁犁的发明，在中国犁的发展过程中，具有承前启后的深远影响。世界耕犁史的研究专家保莱·赖顿说："构成近代犁的具有特征的部位，就是和犁铧结合在一起，呈曲面状的铁制犁壁。它是古代东亚发明的，18世纪才从远东传入欧洲。"中国古代犁壁的优点被欧洲吸收后，不仅在耕犁的改进上

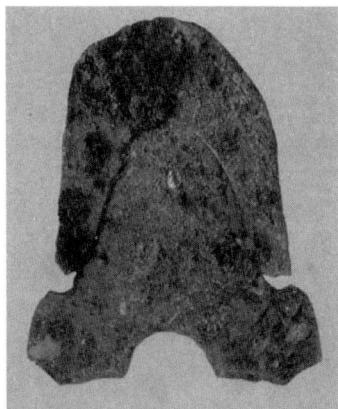

西汉铁铧。铁铧的制造和使用，是铁器冶铸业和农业生产力提高的重要标志。

起关键作用，而且在促进农作制度的演变上也有极大的影响，这是中国犁对世界农业作出的重大贡献。

## 汉改正朔、易服色

太初元年（前104），太中大夫公孙卿、壶遂、太史令司马迁等上疏："历纪坏废，宜改正朔。"汉武帝诏御史大夫倪宽与博士赐共议。倪宽、博士赐等上奏说："帝王必改正朔，易服色，所以明受于天也。创业变改，制下相复，推传序文，则今夏时也。"五月，武帝正式宣布改制，编定《太初

汉代良马画像砖

历》，用夏正，以建寅月即正月为岁首（汉初用秦正，以建亥月即十月为岁首）；规定汉为土德；改服色，色尚黄，定官名及宗庙百官之仪；数用五，官名印章改为五字，十一月甲子朔旦为冬至。这一年改元为太初。

汉武帝这一措施解决了汉初以来的历法疏误问题，其中以建寅月——正月为岁首的制度为以后历代所通用，直到辛亥革命后才改用阳历。

## 李广利伐大宛

太初元年（前104）八月，汉武帝派车令等人携黄金、金马等礼物去求换大宛良种马——汗血马，大宛王毋寡拒绝交换并劫杀了傲慢的汉使，抢夺财物。武帝闻讯后即拜李广利为贰师将军，征发属国6000骑及郡国恶少年数万人，讨伐大宛。

太初二年（前103），李广利率军出玉门关向大宛进发。沿途小国各守其城，不向汉军供给。汉军闯过盐泽和沙漠至大宛东边郁成时，只剩下数千人。汉

军向郁成发起进攻受挫，伤亡惨重，只能引兵撤退。回到敦煌时只剩下十分之一二。汉武帝闻讯大怒，传令玉门关：汉军敢有入关者，一律处斩。李广利只好驻兵敦煌。

太初三年（前102），汉武帝征发囚徒、恶少年及边骑共6万人，由李广利率领出敦煌再次进攻大宛。并征集3万匹马、几万头驴、骡、骆驼以及10万头牛组成一支运输队，保障军需补给。不久又增发七科谪和甲卒18万屯驻酒泉、张掖北面作为策应。汉军进至大宛，围攻贰师城40多天。大宛发生内讧，亲贵大臣杀其王毋寡降汉。汉军得汗血马数十匹，中马以下牝牡3000余匹，立亲汉贵人昧蔡为大宛王并与之结盟。回师途中，李广利命搜粟都尉上官桀攻灭郁成，杀郁成王。从此西域多遣使来汉朝贡献。

太初四年（前101），李广利获汗血马归汉，武帝命人作《西极天马之歌》以纪其事。

# 苏武使匈奴

太初四年（前101）冬，匈奴呴犁湖单于死，其弟且革是侯立为单于，为与汉修好，遣使送回以往扣留的汉使路充国等人。天汉元年（前100）三月，汉武帝为回报匈奴善意，派中郎将苏武、副中郎将张胜及随员常惠等出使匈奴，送还原被扣的匈奴使者，并厚馈单于财物。

西汉车马人物饰牌。北方游牧民族服饰品。

苏武等到达匈奴后，原降匈奴的汉人虞常等人与张胜密谋，欲劫持单于母亲阏氏归汉。事发后累及苏武，苏武不愿受

西汉双兽饰牌。匈奴贵族服饰品。

**125**

辱，自杀未就。单于敬重他，派汉降臣卫律劝降。苏武对常惠等人说："屈节辱命，虽生，何面目以归汉！"拔刀自刺，被卫律抱而抢夺佩刀，未死。尽管卫律软硬兼施，苏武不为所动。于是单于把苏武幽禁在地窖中，断绝饮食，以此逼他就范。苏武吞旃饮雪，坚持数日不死。匈奴以为神，就将他流放到边远的北海（今贝加尔湖）无人烟的地方，放牧羝羊（即公羊），说："羝乳（产子）乃得归。"

## 董仲舒病逝

太初元年（前104），董仲舒病逝。

董仲舒（前179～前104），汉代广田（今河北枣强东）人，是思想家、政论家和著名学者。少时学《公羊春秋》，景帝时任博士。刘彻（武帝）时期，先后任江都相和胶西相，后病免居家，以修学著书而终。其思想学说主要反映在《天人三策》和所著《春秋繁露》中，主要内容如下：

①天人感应说：董仲舒认为，自然界的天是有意志的，天按照自己的模样创造了人类，如天有金、木、水、火、土五行，人有心、肝、

董仲舒像

脾、肺、肾五脏；天有春、夏、秋、冬四时，人有四肢；天有阴阳、人有哀乐等。人的形体结构、思想意识，几乎无一不是天的雏型，所以，天人之间相互感应。天拥有至高无上的权威，在人间，它将权威授予君主，所以，君权是神授的。君主代天治理人民。

②大一统说：他认为，《春秋》大一统的思想，是天地之常经，古今之通议。一切归于"一"。政治上与思想上也必须统一。政治上诸侯不得自专，思想上罢黜百家，独尊儒术，摒弃一切邪辟异说。

③三纲五常说："三纲"即"君为臣纲"、"父为子纲"、"夫为妻纲"。"五常"即仁、义、礼、智、信。他提出"王道之三纲，可求于天。天不变，

道亦不变。"

董仲舒的思想学说，对汉武帝加强中央集权，实行封建专制起了重要的作用。对以后中国历史也产生了巨大影响。

儒家在中国的地位是在汉代形成的，其中董仲舒功劳最大，但奇怪的是他从形式上讲与儒家相去最远，也很少有后代儒家自称从他那里发展出来。

董仲舒把前人的抽象方式换为可理解的具体事物，他把天人性格化为有性格感情的宗教神，把天、地、阴阳、人与五行并列为十端，把五行落实为君臣、父子关系，把变易的哲学变质为感应，发展了灾变论，为了解释五行循环任意编造历史，他不懂孟子的性是心之发，而分性为三品，他把孔子的礼具体化为三纲（五常），使得孔子乐教精神完全丧失，儒家成为封建伦理体系的辩护士。

总的说来，他是由阴阳五行说（神秘化了的）来规范儒家的内容。他一方面将五行神秘化，一方面将儒家思想具体化，二者结合就实质改变了儒家的性质。但他也有明显的法家化倾向，三者结合构成了一个坏的儒家古典主义标准。

他这一套在汉代有很大影响，例如刘向就基本上与他一致。

他的思想是灾变、谶纬的先驱，在汉代中叶的这两种思想中，阴阳五行、周易、宇宙论与天文、数术、数学和历史结合，成了一个庞大的体系，是汉代宇宙论方面的综合方向。它与今古文经学的再综合就表现为《白虎通》。

# 汉崇尚五帝太一

前206年，刘邦立黑帝祠，使五帝祭祀完备，至此，古代至上神天帝正式一分为五。汉武帝（前140～前86）时为了加强和巩固中央政权，增强了至上神的唯一性，崇拜太一神，而将五帝立于太一神的辅佐的地位。汉初基本上是崇尚五帝太一。

汉高祖刘邦起兵时，就说他是赤帝子下凡，要以赤帝崇拜取代秦代的白帝崇拜。《史记·封禅书》说，刘邦东击项羽，入关之后，又设立黑帝祠，完备了五帝祭祀，古代至上神天帝正式一分为五了。刘邦补足五帝祭祀后，恢复保持秦朝已有的宗教祭祀活动，表现出他对传统宗教信仰的重视，并极力使其臻于完美。五帝崇拜建立了。汉文帝（前179～前156）祠雍五畤，在渭阳建立五帝庙，一宇五殿，方位和门色都按五行说安排，又在长门立五帝坛，继续五帝崇拜。汉初五帝崇拜一直延续下去了，但汉代历代朝廷对于汉代应立五德中哪一德看法并不统一。汉初崇尚水德，重黑帝。贾谊以为汉继秦统，应尚土德，色尚黄，数用五。丞相张苍认为汉仍水德之始，以黄河决堤为水德的显现。直到汉武帝太初元年（前104），正式按土德改制，色尚黄，把寅月作为一年之首，官名及印章也都用五字。说明五帝崇拜和所崇尚的五行之德的建立，不仅仅是宗教事宜，也直接影响了国家政治典制和社会生活的格调。

但是五帝崇拜模糊了至上神的观念，削弱了至上神的唯一性，不利于汉帝国中央政权的统一和巩固，武帝时出现了再建天界主神的创造活动。《封禅书》说，亳人谬忌奏祠太一方，曰天神贵者太一，太一佐曰五帝。古者天子以春秋祭太一东南郊，用太牢，七日，为坛开八通之鬼道。汉武帝便命令太祝在长安东南郊建立太一祠，非常虔诚地敬奉。从此，五帝降到上神太一的辅佐的位置，不再拥有和上帝享受同等权威的权力。"太一"一词，原本见于《庄子天下》、《吕氏春秋·大乐》、《淮南子·诠言》、《礼记·礼运》，本指天地混沌未分时的原始状态，这时则把它变成天界的主神，使之神化了。太一神相当于至尊天神。这样，在汉武帝时，这种以太一神为首，以五帝神为辅佐，统领山川日月风雨诸神的一个新的天神系统形成了。

五帝太一神系统的完善，既反映了汉初帝王重视传统的宗教信仰，力促其臻于完美，又反映了中央政权的统一和巩固的需要。五帝太一神系统对后世也产生了深远影响。后来历朝的天神崇拜，除了将太一改称昊天上帝外，其它都沿袭西汉人尊崇的天神格局，五帝大致都被放置在昊天上帝之下，众神之上。

## 汉武帝建造建章宫

西汉太初元年（前104），武帝刘彻在长安城外、未央宫西侧兴建了大型的建筑组群——建章宫。建章宫周回30里，规模宏大、布局复杂、装修侈靡，

"夏阳扶荔宫"砖文。夏阳是韩城古名，扶荔宫是汉武帝时修建的避暑名宫之一。扶荔宫内的遗物。

规格超过未央宫，而且跨城筑有飞阁辇道，从未央宫直至建章宫。宫外则筑有城垣。

建章宫号称"千门万户"。从正门圆阙、玉堂、建章前殿和天梁宫形成一条中轴线，其他宫室分布在左右，全部围以阁道。中轴线上有多重门、阙，正门是高25丈的璧门，属于城关式建筑。在璧门北边，有高25丈的圆阙，圆阙左有别凤阙，右有井干楼。进圆阙门内200步，就是建在高台上的建章前殿，气魄十分雄伟，比未央宫要高。

建章宫东面是高20余丈的东阙，西面是方圆数十里的虎圈，北面有泰液池，池边矗立20余丈高的渐台，池中有蓬莱、方丈、瀛洲三岛，南面则有玉堂等殿。另有神明台、井干楼高50余丈，各处都有辇道相通。其中神明台是祭金人的地方，有捧铜盘玉杯的铜仙人在承接雨露。泰液池则是一个相当宽广的人工湖，因池中筑有三神山而著称。三座山浸在大海般的悠悠烟水上，水光山色，相映成趣；池畔有石雕装饰，遍布水生植物，岸上禽鸟成群，生意盎然，开后世自然山水宫苑的先河。宫内还有占地面积很大的狩猎场，豢养众多动物。

建章宫的建造，创造出一种将宫殿、离宫别馆及苑囿结合在一起的新型宫苑。而泰液池、"一池三山"的布局，开创了池内筑仙山园艺风格，常为后世皇家苑囿采用。如清代的圆明园，就是一例。

## 俗乐舞兴起

俗乐舞，即民间舞，在宫廷则被称为杂舞或散乐。《乐府诗集》53卷载："杂舞者……始出自方俗，后寝于廷殿。盖自周有缦乐、散乐，秦汉因之增广，宴会所奏，率非雅舞。"这种舞蹈，常作为百戏的组成部分出现。汉代，随着社会进步和多民族统一国家的形成，人们眼界开阔，"文景之治"后，社会更是相对稳定和富裕，早在春秋战国就已呈上升趋势的俗舞也就迅速发展起来。再加上汉武帝时，扩充乐府机构，专门管理俗乐舞，并通过俗乐舞观察民风，从而使民间俗舞通向了宫廷。而在日常生活及酒宴之际，除了欣赏乐舞艺人表演，也有主客相邀起舞的习俗，称"以舞相属"，还有作舞以抒发内心感受、难以言传的意愿和需求的。总之，汉代俗乐舞十分兴盛。

西汉乐舞杂技陶俑群

这种兴盛来源于社会相对稳定，人民相对宽裕，以及文化上世俗化的倾向。

俗乐舞既然常常作为百戏的组成部分，它就包含着多种含义，如戏乐、戏法、戏耍、戏弄等，以及用戏谑逗乐形态出现的戏剧因素，在表演项目中，舞蹈和杂技占较大比例。

根据陆续出土的汉代舞画像砖石和文献记载，可知秦汉时俗舞主要有：以衣袖和饰物为特征的"长袖舞"《巾舞》，以执舞具或乐器为特征的《盘鼓舞》、《建鼓舞》、《拂舞》、《铎舞》、《革卑舞》，和百戏中的舞蹈节目"鱼龙曼延"，《巴俞》、《侲僮程材》，以及带有人物事件背景以舞蹈为主要表现手段的情节性舞蹈《东海黄公》、《总会仙倡》等。

其中"长袖舞"自战国以来就比较流行，长袖样式主要有上下同宽的狭长袖，上下同宽的宽长袖，宽袖齐腕再由腕内延伸出一段窄长袖。典型的"长袖舞"舞姿可从北京大葆台西汉墓出土的玉雕舞人造型上看出，即：舞人身穿斜襟镶边长裙，右臂上举，甩长袖过头，再顺左肩垂下，左手放于腰上，长袖卷曲向裙边上方，腰肢扭向右边，衣裙下摆则飘向左边，体态柔美多姿。

汉代长袖舞形象很多，舞容有柔婉、健朗、诙谐多种；表演形式有单人、双人、集体几种，多表现对称、变换的美。

巾舞是汉代著名"杂舞"之一，也称《公莫舞》，突出的特征是舞巾，舞巾有长短两种，长的约两丈有余，短的仅二三尺左右。巾舞的形象在出土的汉代画像石中比较多见，如四川扬子山出土的汉代乐舞百戏画像砖上，一个舞巾少女，穿着纹饰镶边的宽口袖衣裤，梳着双髻，双手各执一条长巾，上身向前，像正快步腾跃，双臂一高一低，使巾上下飞扬，像波浪一样。张衡《观舞赋》曾用"香散飞巾，充流转玉"来描述巾舞者的舞姿。

盘鼓舞是汉代辞赋和画像砖石形象资料中出现最多、最负盛名的舞蹈之一，又称《鼓舞》、《盘舞》、《七盘舞》、《般鼓舞》，是因表演中的不同形态而定。其主要特征是技艺结合，舞蹈的人在地面陈设的盘鼓上或盘鼓间，翻腾、踢踏、跳跃、跪跌作舞，大概开始时盘鼓舞是一种杂技，渐渐与以腰袖见长的楚舞结合中，演变成风格独特的汉代主要舞蹈。

## 百戏流行

西汉中叶以后，在秦代已经十分繁荣的百戏表演更为广泛地流行起来。百戏又名"角抵戏"、"大𪃾戏"、"角抵奇戏"，有时也简称"角抵"，是中国古代文化、艺术、体育的综合表现形式，内容非常庞杂，包括乐舞、杂技、幻术、角抵戏、俳优等诸多类别。

早在秦二世时期，就在甘泉宫举行过大规模的散乐表演。西汉中叶，尤其是汉武帝时期，经济繁荣，国力鼎盛，民间的娱乐活动与来自西域的各种技艺广泛交融，技艺逐渐丰富。汉武帝元封三年（前108）春，元封六年（前105）夏，分别举行了两次盛大的百戏表演集会，这种风习被长期沿习，并开始以此招待外宾，以显

杂技俑

**131**

杂技马戏画像砖。画面中心为两辆马车，前车一人驭马，一人牵绳，车上立长竿，一人倒挂竿顶，两臂平举，两手各托一人，另外一组一人蹲立竿顶，两车之间斜拉四十五度绳索一条，一人踩绳向上走。从画面不难看出，我国的马戏技艺到汉代已相当高超。

示强盛的国力，同时也大大促进了各民族的文化、艺术、体育交流。

据《汉书·武帝纪》记载，元封三年春举行角抵戏，300里内的居民都前来观看，而元封六年夏在上林平乐馆举行的角抵戏表演也使大批百姓蜂拥而到，可见其盛况。张衡《西京赋》就曾详细描绘西京"总会仙倡"的盛大歌舞场面。其中倡优扮演一些神话人物和兽类，结合云、雪、雷、电等场景表现天威，十分宏阔，已初步具备了歌舞故事的戏剧表演因素。

汉墓出土百戏图

百戏表演的内容十分丰富，关于这些，西汉司马相如《上林赋》，东汉张衡《西京赋》，李尤《平乐观斌》都有一些节目名称、演出场面的记录。大量的汉墓出土的百戏画像石等文物也很能帮助我们了解这些内容。这些节目大体可分为乐舞、杂技、角抵戏、俳优等门类，这时乐舞在很大程度上已具有了戏剧表演的因素，是一种装扮人物和含有故事内容的歌舞。杂技，幻术节目，丰富而庞杂，见于记载的名目有扛鼎，寻橦，冲狭，燕跃，吞刀，吐火，履索（走索），飞丸，跳剑，侲童，以及"胸突铦锋"，"戏车商木童"，"驰骋百马"，"鱼龙曼延"等，这些技艺不仅有汉代画像石、画像砖作为其表演形象的验证，而且很多仍保留于今天的

杂技俑

杂技舞台上和民间艺术活动中。

角抵狭义的概念是一种两者较力的技艺表演，它源于人与人、人与兽的搏斗，反映战争、狩猎生活场面，把实用性和观赏性结合起来，发展到后来，就有了两条线索，一是向相扑、摔跤等纯体育运动延续，另一条是融入一定的生活内容，和表现故事结合起来，成为戏剧表演的最初形式。如角抵戏《蚩尤戏》和《东海黄公》都有一定的故事情节。

《蚩尤戏》始于秦汉，直到宋代都还在舞台上表演，它实际上是民间为表现黄帝与蚩尤大战而创编的乐舞。两人戴牛角相抵，无具体人物的装扮，再现故事，供人观赏，具有一定的象征艺术手法。但形式简单，风格粗朴。《东海黄公》更进一步歌舞化、戏剧化，它表演的是黄公与白虎较斗时，为虎所伤的故事。这个戏的角色有了相应的装扮，黄公身佩赤金刀，头裹红绸，白虎是人扮的虎形。表演动作、内容都是既定的，史学家认为已有了中国戏剧的雏型。

百戏中的杂技表演，含有相当浓厚的体育活动色彩，角力（摔跤）是久盛不衰的传统项目。其他如"扛鼎"，是举重物的表演，是一种显示力量的活动，"都卢寻橦"是攀缘竹竿的活动，形式多样、动作惊险，十分引人入胜，汉代称走绳索表演为"高絙"，山东沂南画像石墓中有一幅高絙石刻画，在相距很远的两个木架上系着一条粗大的绳索，两头各有一演伎身穿丽服正在绳索上迈步前进，他们手中拿着"橦"（竹竿）以保持平衡。绳索中间有一演伎正在绳上作侧立表演，绳子下面有四把刀尖向上的尖刀，演员一旦滑落，必将丧生，表演的惊险性和难度从而大大增加了。除此之外，剑舞，武术，马术，"跳丸剑"，倒立，叠案等更是典型的体育活动项目。

百戏表演在西汉时达到极盛，并长盛不衰，这些千姿百态的艺术形式，对后世的音乐、舞蹈、杂技、戏剧及体育的发展产生了巨大影响。

**133**

# 西汉

100 ~ 91B.C.

**99B.C. 汉天汉二年**

五月，遣将率三万骑击匈奴于天山，斩获万余级；还为匈奴所围，大败。九月，骑都尉李陵击匈奴，至浚稽山被围，苦战力竭而降。

司马迁为之辩护，以为力战而降，降非本意，忤怒武帝，因遭腐刑，自此益发愤著述《史记》。

汉使自西域带回的葡萄、首蓿种开始在长安附近广为种植。汉从西域传入的植物还有蚕豆、黄瓜、西瓜、石榴、胡桃、胡罗卜、大蒜等。

**96B.C. 汉武帝太始元年**

方士茅盈与其弟茅固、茅约入句曲山（在今江苏句容）修道炼丹，三茅被奉为真君，成为道教茅山派祖师，句曲山被称为三茅。

**93B.C. 汉太始四年**

十二月，武帝西巡。于孔子宅得古文尚书、礼记、论语、孝经。

司马迁作《报任少卿书》。

**92B.C. 汉武帝征和元年**

丞相公孙贺捕获阳陵（今陕西西安北）大侠朱安世。朱安世告公孙贺子敬声与阳石公主使巫埋木偶于驰道祝诅天子。巫蛊之祸起。

**91B.C. 汉征和二年**

武帝染疾，江充渭巫蛊所致，遂命充穷治，充诬告卫太子宫中埋有木偶，太子惧而发兵抗拒，战于长安，兵败后卫太子与卫皇后自杀，牵连死者数万人。

100B.C.

盖乌斯·尤利乌斯·恺撒出生。

印度桑切的大舍利塔成。

90B.C.

罗马同盟之南意大利各邦居民是年举行武装起义，不久席卷整个中部南部意大利。罗马元老会议派马略与苏拉率兵去镇压。

虎驼相斗铜饰牌。西汉北方草原游牧民族特点的青铜文物。

# 李陵降匈奴

天汉二年（前99）九月，名将李广之孙、擅长骑射的骑都尉李陵率领五千步卒从居延出发，向匈奴境内进击。李陵军前进到浚稽山时，与匈奴单于相遇。匈奴三万骑兵包抄进击，李陵指挥将士英勇奋战，击杀匈奴数千人。单于大惊，又召左、右地兵八万余骑进攻

子母豹铜饰牌。西汉北方草原游牧民族特点的青铜文物。

西汉史学巨匠司马迁像

汉军，李陵率部下机动应战。数日后至一山谷，与匈奴骑兵再次拚搏，又斩杀匈奴三千余人。后李陵军转移至一山底，他指挥部下隐没在树丛中，射杀匈奴数千人。匈奴单于见汉军作战顽强，且往南撤退，怀疑汉有伏兵，欲引兵撤退。这时，李陵军侯管敢投降匈奴，泄露了汉军兵力情况。单于得知李陵孤军作战，于是全力围击，李陵率众将士拼死力战，最后箭弩用尽，后退无路，被俘后投降。

# 司马迁受宫刑

天汉二年（前99），汉武帝得知李陵被俘后投降匈奴，非常震怒，召集群臣商议治李陵的罪。大臣们都数说李陵不该投降匈奴，只有太史令司马迁

为李陵辩解。他说，李陵率领不足五千步兵，深入匈奴腹地，打击了几万匈奴骑兵，直到最后，武器用尽，后退无路，援军又没希望赶来，仍然与匈奴兵殊死拼搏，就是古代的名将也不过如此。他虽然打了败仗，可是杀了那么多的匈奴兵，足可以向天下人交代了。李陵不肯以死来尽节，一定是想以后将功赎罪来报答陛下。汉武帝认为司马迁所讲的乃是荒谬的毫无根据的"妖言"，是想为李陵游说，破坏李广利将军声名，于是下令将司马迁打入大牢，并处以宫刑。

## 汉武帝作沉命法

天汉二年（前99），武帝令作"沉命法"，以对付那些敢于藏匿起义者的人。

汉武帝后期，由于巡视过多，征调频繁，官吏残酷暴虐，农民起义不断爆发，大到数千人，小的也数百人。他们攻打城邑，夺取武库，释放囚犯，杀死官吏，断截交通。汉武帝派光禄大夫范昆等发兵镇压，有的郡被斩杀的起义农民多至万余人，可是起义队伍散亡之后又重新聚集，官府对他们无可奈何。武帝于是令作"沉命法"，意即敢藏匿起义者就没命。法令还规定凡二千石以下至小吏察捕不力者，皆处死刑。沉命法颁布后，主管小吏唯恐不能如期破案而招祸，经常隐匿起义者情况，上下级之间也互相欺隐。

## 巫蛊祸起

征和元年（前92）十一月，方士及众神巫聚集京城，用妖术迷惑众人。女巫在宫中来来往往，教宫中的妃嫔们念咒，埋木人来祭祀祖先。她们之中有的人本就相互妒忌，因此互相去诬告对方，说这样做是在诅咒皇帝。汉武帝大怒，从诛杀后宫妃嫔到诛杀大臣，所杀有数百人。后又发动三辅骑士在皇家园林里大搜查，并在长安城中到处寻找，过了11天才收兵。自此巫蛊之祸就兴起了。因巫蛊的原因牵连受死的，前后达数万人。

# 司马迁著成《史记》

西汉武帝太初元年（前104），司马迁参与制定的《太初历》颁行，他认为这是历史的一个新纪元，开始撰写《史记》，经10余年的艰苦努力，我国第一部纪传体通史《史记》最终成书。成为中国史学的奠基著作。

《史记》。中国第一部纪传体史书，司马迁著。原名《太史公书》，东汉以来称《史记》。全书130篇，分为纪、表、书、世家、列传五部分，记述了从上古传说到西汉三千年的历史。

《史记》是我国纪传体通史的开山之作，原称《太史公书》，东汉以后才称今名，也称《太史公记》，《太史记》。共130篇，包括12本纪，10表，8书，30世家，70列传，共526，500字，记载自黄帝至汉武帝时期共约3000年的史事。

司马迁（前145或前135～？），字子长，西汉左冯翊夏阳（今陕西韩城南）人。少年时随父司马谈读书，并受教于董仲舒、孔安国。后为郎中、太史令、中书令等。其父司马谈于汉武帝建元、元封年间为太史令，掌管文史星历，管理皇家图书，曾有志编写古今通史，但未能如愿，辞世前嘱咐司马迁承其遗志。元封三年（前108），司马迁继任父职为太史令，得以阅读皇家所藏典籍，搜集史料。太初元年（前104），在参加制定"太初历"后，开始撰写《史记》。天汉三年（前

2000多年前，我国出现了一部对后世史学、文学都具有深远影响的伟大著作——《史记》，它的作者就是西汉著名的史学家、文学家和思想家司马迁。图为司马迁祠。

**137**

98）因李陵案牵连入狱，受腐刑。太始元年（前96）获释，任中书令。受刑之后，忍辱发愤，艰苦撰述。根据《尚书》、《春秋》、《左传》、《国语》、《世本》、《战国策》等史书，诸子百家的著作，官府所藏的典籍档案，以及亲身考察访问得来的资料，经十余年努力，终于写成"究天人之际，通古今之变，成一家之言"的《史记》。

《史记》记事始于传说中的黄帝，终于汉武帝，历时三千余年。所记史事包括政治、军事、经济、文化、民族诸方面的事迹，而尤详于战国、秦、汉。"本纪"12篇是全书纲领，记载历代帝王世系与国家大事。其中先秦诸篇按朝代成篇，秦汉诸纪则按帝王成篇。"表"十篇记载帝王、诸侯、贵族、将相大臣的世系、爵位与政治事迹。其中又分世表、年表、月表。"书"八篇叙述各种制度沿革，内容涉及天文、历法、礼、乐、封禅、水利、经济等。"世家"30篇主要记述西周、春秋、战国时期诸侯国的世系及历史，汉朝丞相、功臣、宗室、外戚的事迹，还记述了在历史上有特殊文化地位的孔子和有特殊政治地位的陈涉的事迹。"列传"70篇在全书中所占篇幅最多，主要记述社会各阶层代表人物的事迹。此外，少数篇章还记述了中国各少数民族以及与中国互相往来的一些国家和地区的历史。最后一篇《太史公自序》，叙述作者的家世和事迹，并说明撰著本书的经过、意旨及作者的史学见解。

司马迁撰写的《史记》，贯穿了其比较明确的历史思想，比较客观地把握了天人关系和古今通变关系，"究天人之际，通古今之变，成一家之言"正是这一历史哲学思想的精辟概括，在天人关系上强调天道和人事不相关连，与董仲舒宣扬的天人感应针锋相对。在此基础上，他深刻揭露和批判了当时盛行的封禅祭祀，祈求神仙活动的虚妄。同时刻意写出一些在历史发展中起到重要作用的人物和事件，这是中国史学史上，第一次把人的活动提高到如此重要的高度。对于历史演进过程，他的思想也比较完整，在正确评估历史之后，司马迁充分肯定了历史是不断发展进化的这一结论，甚至认为在极盛之时就已呈现出衰落的迹象，并从教化，礼义与物质财富关系的角度，提出"物盛而衰，固其变也"的命题。包含了他朴素的发展观和辩证观。标志着我国古代历史理论发展的新阶段。

在中国史学发展史上，《史记》是第一部规模浩大、体制完备的中国通史，由它所创的纪传体例，为历代著史者遵循取法，竞相仿效。后世史家以《史

大汉盛世

记》"善序事理，辨而不华，质而不俚，其文直，其事核，不虚美，不隐恶，故谓之实录。"而奉之为封建时代历史著作的典范。《史记》的大部分文字优美精炼，对部分历史人物的叙述，语言生动，形象鲜明，在中国文学史上也占有重要地位。

《史记》是战国历史的绝对化，一方面，他的史传形式（中国史传历史书的起源）将情节性历史作块状处理（比较一下古典主义音乐对旋律的同样处理）、并在结构、叙事和语言上达成古典主义的标准。另一方面，他对于人物性格处理达到了高峰，性格过程（而不是历史）是《史记》的中心。实际上，在司马迁这里，历史绝对不是希腊式历史（事件为中心），而是性格历史。把希腊雕塑和建筑的古典主义文学化，其结构和内容就是《史记》。

# 《史记·河渠书》总结水利史

西汉时期史学家司马迁写成中国第一部水利通史《河渠书》，作为一个专篇列在《史记》中。它系统地介绍了我国古代水利及其对国计民生的影响，总结了从禹治水到汉元封二年（前109）的水利史。

《史记·河渠书》主要记录黄河瓠子堵口，各地区倡兴水利，开渠引灌等史实。全书分13段，共25事。其中防洪6事、航运3事、灌溉11事，航运兼灌溉5事，所叙河流有黄河、长江、淮河、济水、漳水、淄水等。这些记录揭示了水对农业生产和人民生活利与害两方面的影响，反映司马迁对水的两面性认识和对水利问题的重视。

《史记·河渠书》首次明确赋予水利一词以治河修渠等工程技术的专业性质，从而区别于先秦古籍中所谓利在水或取水利等泛指水产渔捕之利的一般范畴，确定"水利"概念，《河渠书》成为以后历代史书撰述水利专篇的典范，它的诞生，为水利史学科奠立了第一块基石。

话说 中华文明

大汉盛世

## 李广利降匈奴

　　征和三年（前90）李广利奉命率军出击匈奴。不久，他与丞相刘屈牦谋立昌邑王之事被人告发，丞相被腰斩，其妻也被捕下狱。李广

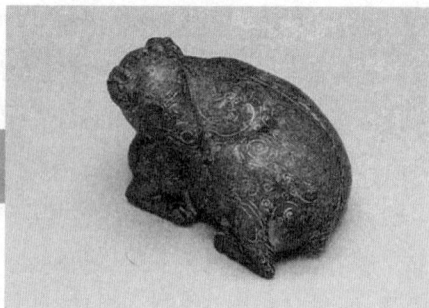

错金饰铜羊。西汉北方草原游牧民族特点的青铜文物。

利得知这一消息非常惊恐，想要冒死去求功赎罪，就派遣护军将二万骑兵渡郅居水，与匈奴左贤王、左大将的二万骑兵交战。汉军奋勇拼杀，杀死匈奴左大将和众多匈奴骑兵。这时，汉军长史暗中察觉到李广利怀有异心，就与辉渠侯密谋一起共俘李广利，李广利发觉后将长史处斩，并引兵撤退。匈奴单于亲自率领五万骑兵前来阻击。双方交战，死伤无数。到夜晚时，匈奴兵发动突然袭击，汉军大败，李广利兵败后投降匈奴。汉武帝听到这一消息，下令诛灭李广利宗族。

## 卫太子自杀

　　征和二年（前91）八月，卫太子因受诬而发兵对抗失败后，被迫自杀。
　　武帝拜江充为直指绣衣使者（皇帝特使），让他监督检查贵戚、近臣的言行。江充曾跟随汉武帝到甘泉宫去，碰见太子据（即卫太子，宣帝时追谥曰戾）的家人乘马车误入天子专用的御道，便将此人扣押问罪。卫太子派人请求江充宽恕放人，江充竟将此事奏明武帝，武帝对他更加信任重用。征和二年（前91）七月，武帝病重，住甘泉宫，江充见武帝年老，怕卫太子日后继任皇位，忆及旧怨，于己不利，于是指使胡巫说宫中有蛊气。武帝命江充与按道侯韩说等入宫追查，江充诬告太子宫中埋的木人最多，又有帛书，所言不守道法。太子得知后非常恐惧，就听从少傅石德的计策，派人诈称武帝使者，捕杀江充等人。汉武帝命丞相刘屈牦派兵击太子，太子举兵对抗，与丞相激战五日，

兵败逃亡，藏匿在湖县（今河南灵宝西）一户人家。后被人发觉，新安（今河南渑池东）县令李寿带领下属张富昌等前往捉拿，卫太子无处逃亡，被迫自杀。因巫蛊而起的祸事，算这一次最严重的了。征和三年（前90），此冤案真相渐明，武帝感悟，令族灭江充家，迫杀卫太子的李寿和张富昌也被灭门。

# 《天官书》确定中国的天官体系

汉代画像石中的北斗星象图（拓片）。在墓中刻北斗七星以象征帝王之车，乘北斗升天。

《天官书》是西汉司马迁《史记》中一篇，是中国流传至今的最早的系统叙述星官的著作。它收录恒星558颗，是司马迁收集到的命名了的星数，比先秦诸籍所记增加了350多颗。它不同于西方诗的命名法，而采用散文的命名法。司马迁在早已存在的北斗、四象、二十八宿的星官体系的基础上，进一步发展出五宫二十八宿的完整体系。

在司马迁笔下，中宫是想像中的天上社会的政治中心。北极星命名为太一，它无明显的周日视运动，故说"太一常居"，就如天上最尊贵的天帝。旁有三星象三公大臣，后有钩曲四星若似嫔妃，外部环绕的十二星象藩臣护卫。北斗描绘为"斗为帝车，运于中央，监制四乡。分阴阳，建四时，均五行，移节度，定诸纪，皆系于斗"。它能分辨阴阳，建立四时，调和五行，推移节气，确定星纪，充分表达出中宫至高无上的权威。

东宫有角、元、氐、房、心、尾、箕七宿，它们形成苍龙之象。南宫有井、鬼、柳、星、张、翼、轸七宿，它们形成朱雀之象。西宫有奎、娄、胃、昴、毕、觜、参七宿，它们形成白虎之象。北宫有斗、午、女、虚、危、室、壁七宿，它们形成玄武之象。

司马迁结束了战国时期不同星官划分体系并立的局面，对当时认识的恒星作了系统的总结，这一命名体系大部分为后世所沿用。《天官书》

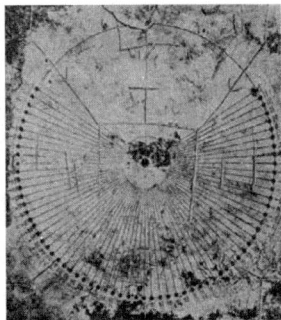
汉代石日晷

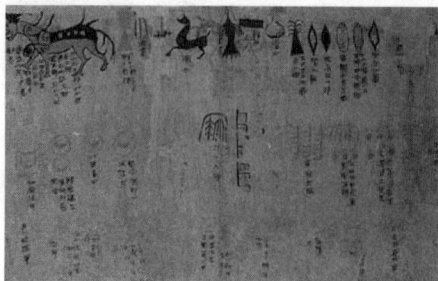

西汉帛书云气占图

的星官体系，巧妙地将各个星官统一成一个有机的整体，为当时盛行的天人说添上了一个极有色彩的天上社会。从天文学的角度说，新的星官体系，有助于进一步研究日月五星的运动。司马迁为了制订太初历，曾树晷表，立浑仪，测量日月五星及二十八宿的位置，新的星官体系为恒星观测提供了方便，这是司马迁对我国古代天文学发展作出的一项重大贡献。

《天官书》还对先秦以来的星占学作了一个总结。行星在星占中占有重要地位，《天官书》用了不少篇幅专讲五星占语，司马迁根据当时对五颗行星的观测，知道它们都有逆行，而先秦时期甘、石两派占家都以为只有荧惑（火星）有逆行，用该星逆行所在位置和其它星的逆行作占，指出这一点不但说明了五星的运行特点，而且否定了这种占星方式，这是难能可贵的。

司马迁在记岁星（木星）所在位置时，指出了当时用岁星纪年法该使用的岁名，同时指出该年可能出现的旱、大水、谷熟等有关农事的星占记事，可见用木星位置作占，暗含了日地关系的影响。

《天官书》内容十分丰富。除以上提到者外，书中还记录了太阳系其它天体的现象，如彗星、流星、陨石、黄道光、火流星等。也记录了极光、云气、交食、交食周期、突发变星等地球物理现象和天象，实在是当时的一部天文学百科辞典。

## 汉武帝首倡榷酒酤

天汉三年（前98），汉武帝刘彻为了广开财源用于和匈奴作战，根据御史大夫桑弘羊的建议，在实行盐铁专卖政策的同时，实行了榷

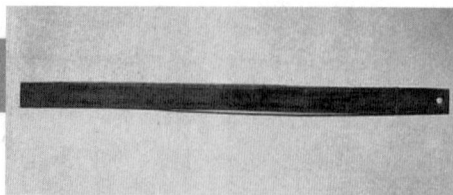

西汉木尺。1976年广西贵县罗泊湾一号汉墓出土的汉代木尺，是近年发现的度量衡珍品。这件木尺刻度清楚，保存完好，尺中刻有十等分刻度，正中刻交叉十字，刻槽填红漆，一端有孔。

汉代酿酒画像砖。汉武帝时期实行酒类专卖,称为"榷酤",由官府控制酒的生产和出售。图为1955年四川彭县出土的东汉画像砖酿酒图。砖面右部有一屋顶,表示酒肆是建筑物内。屋前垒土为炉,炉内安置三只酒坛。炉内侧置大釜,一人伸手在釜内操作。屋后壁挂两壶,可能是盛装曲药的容器。酒肆内一梳髻女子当炉,屋外有一沽酒者。砖面左部有荷酒贩鬻者二人,一人肩挑两酒坛,一人推载有方形容器的独轮车。画面生动的反映了"文君当炉,相如涤器"之类的汉代兼营酿造与销售的酒肆作坊。

酒酤,即由政府控制酒的生产和流通,官酿官卖,寓税于价,独享酒利,不许私人酤酒。

榷酒酤是封建中央政府干预工商业政策的一部分,但这种酒类专卖制度在西汉只实行了17年。在前81年的盐铁会议上,榷酒酤与盐铁专卖政策受到了贤

羊尊酒肆画像砖。画面左部是一座具有汉代木构建筑特征的酒肆,内有盛酒容器;右边木案上有两具羊尊。酒肆内一人当炉卖酒,外面还有二位沽酒者,右下角有独轮车来往。此图勾画出当炉应接不暇的酒肆贸易情景。

良文学派的坚决反对,不得不作出让步,改专卖为征收酒税,每升课税4钱。王莽时恢复榷酒酤。

东汉时因所属统治区缩小,又常受水旱灾害,因此一再禁止私人卖酒,实行私人经营国家征税制。唐中叶后重新实行榷酤,并在专卖形式上也更加多样化。

## 汉律基本定形

汉律在汉武帝时代基本定形,以后无重大改变。

汉高祖刘邦于入关之初,与关中父老"约法三章",这是汉王朝立法的开端。汉在正式立国之后,命令丞相萧何制《九章律》——汉王朝最重要的一部法典。《九章律》参考李悝的《法经》和秦律中适合于当时统治所需要的部分,在《法经》的盗、贼、囚、捕、杂、具六篇之外,增加了有关户籍、赋税管理方面的《户律》,有关军队调集,工程兴建及擅兴徭役等方面的《兴律》,有关畜牧管

理方面的《厩律》。

汉初在刘邦时期,立法活动相当频繁。《九章律》是以刑律为主体的法律,是汉律的核心,军法是军事性法律,章程是行政性法规,礼仪为朝廷礼节、仪式,也法律化了。文帝时伍命晁错为内史,对法令进行更定,减免、放宽刑罚,以至于每年天下断重罪者仅有四百。

汉武帝即位后,开始大规模地增订法律。张汤作有关宫廷警卫的专律——《越宫律》27篇,赵禹作有关朝觐皇帝的制度礼法——《朝律》6篇。这样,《九章律》9篇,加上《傍章律》18篇,《越宫律》27篇,《朝律》9篇,总计60篇,359章,统称汉律。武帝以后,汉律基本无大变动,只以诏令、决事比加以补充。

汉代木简。简上载有汉律等内容。

光武帝刘秀建立东汉后,为缓和社会矛盾,沿用西汉时的旧律,所以汉律在西汉末年的弊端,东汉初就显得十分突出。但东汉200年间,律令没有大的增减。

汉代立法还有一种特殊的形式,即政府肯定儒家经学大师对法律的解释,具有相当的法律效力。西汉董仲舒提倡以《春秋》经义决狱,得到汉武帝的首肯,其后,汉代经学大儒纷纷各以儒家经典去解释现行法律,出现律学兴旺的盛况,对中国古代法学理论的发展,无疑起了很大的促进作用,有利于中华法系的形成。东汉末年,为统一经义解释,朝廷确认郑玄的解释为法定的标准。

汉律在法律形式上因袭秦律,但比秦律更加规范化,除制、诏外,其主要形式有律、令、科、比四种。

律,是汉代法律的主要的、基本的形式,也是一种比较稳定的法律形式,既表现为综合性法典,也表现为单行法规,是国家通用的统一的行为规范。

令,是皇帝颁发的诏令,也是汉代法律的重要形式,和律具有同样的法律效力。诏令是司法审判中最重要的法律依据,它可以补充、更改法律。皇权的至高无上,是中国古代法制的一个重要特征。

科,是对现有律令的具体条文的补充规定与实施细则性质的规范,多为

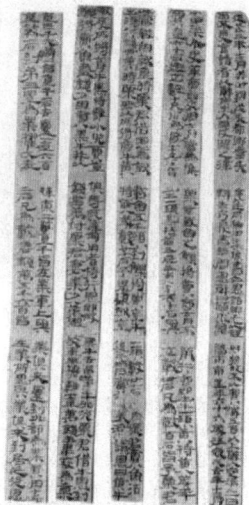

单行刑事性法规，具体规定犯罪与刑罚的条文。

比，指对于某些危害社会的行为，凡律无专条规定的，取其相近条款，也是一种独立的法律形式。

从形式上看，汉律既不系统，也不完备。律，既有综合性刑法典，又有单行刑事特别法；令从内容上讲，也与律没有多大区别。诸种法律形式都以刑法为核心，刑法与行政法未能从形式上分流。这些都反映了汉律的不成熟、不完善。

由于汉代社会政治、经济的发展，尤其是在汉武帝之后，儒家思潮对汉律产生了重大影响，所以使汉律有了新的内容和特点。

首先，汉律以维护皇权为核心的专制主义统治为主要任务。为了加强皇权，加强以皇权为核心的君主专制统治，法律关于保护皇帝的权威，安全和尊严方面，都作了详细具体的规定。

其次，汉律加强了"大一统"的中央集权。西汉王朝不仅削弱、剪除诸侯王势力，还制定监督官吏，使之忠于皇帝，忠于职守的法律。为了巩固中央集权的经济基础，武帝以后用法律手段强化中央集权对经济的管理，加强对盐铁业的控制，将铸币权收归朝廷。

再次，汉律严惩破坏统治秩序的"贼盗"罪。"贼"是破坏社会政治、法律秩序的犯罪行为，主要指侵犯人身方面的犯罪；"盗"是破坏社会经济秩序的犯罪行为，主要指侵害官私财物罪。

第四，汉律维护封建等级特权，披着儒家"礼"的外衣，以法为手段，保护了封建官僚贵族的特权，固定了森严的封建等级制度。

第五，汉律巩固封建的婚姻家庭制度。从汉代开始，儒家所倡导的礼义规范、伦理纲常已纳入国家制定的法律中，进一步发展为"三纲五常"的理论。法律的制定，核心都是围绕着父权和夫权。

## 汉帝国加强边疆建设

汉帝国周密筹划国防战略，实施了一系列增强国防实力和巩固国防的举措，来抵御匈奴军队进攻，主要的具体措施是屯田、马政、徙民实边和修筑长城。

屯田，是边防军在驻地从事农业生产，解决或缓解后勤供应的难题。这一措施始于汉武帝时，屯田范围囊括整个西北边境地区，历时较长的则是西域地区的屯田。其后随着汉朝在西域的不断开拓，屯田范围扩大至北疆、南疆。

设立西域都护府后，西域屯田的中心由渠犁迁到车师，这是西汉的情况。东汉初由于国力衰颓，屯田也因此衰弱。此后的屯田随着东汉政府"三绝三通"西域而或盛或衰。总体上说来，西汉在西域的屯田比东汉时辽阔。

交河故城。在吐鲁番县城西，始建于汉代。

屯田中，负有盛名的是汉宣帝时赵充国在湟中屯田的事，他的屯田策略蕴含了"先为不可胜以待敌之可胜"的军事辩证法思想以及降低国家军费开支的国防经济思想，从而成为后世屯田楷模。

在西域屯田，首先可以巩固汉朝在西域的统治，其次可密切汉族与西域各族关系，促进西域地区经济发展，扩展疆域。

汉代"博昌丞印"封泥（正面）。汉代竹木简、木牍，木函都要用封泥封好，交驿站传送到指定地点，到达后检验封泥，是否有损拆痕迹，一旦发现偷启即要依法治罪。

马政，是为满足对匈奴作战的需要而建立强大的骑兵队伍，从而将军马的饲养、繁殖作为整饬军备的重要措施之一列入政府事务。汉初的社会经济衰颓，马匹也少。文、景时期国家开设马苑，大量放养战马，并设专门苑监来管理，同时还鼓励民间养马，至汉武帝即位马政已颇见成效。依靠充足战马，汉王朝在汉匈战争中战胜了匈奴。整个西汉，马政一直倍受重视，东汉时期，马政仍然得到政府投入的很大人力物力。马政事业是汉朝政府增强国防力量的一项重要措施。它的

大汉盛世

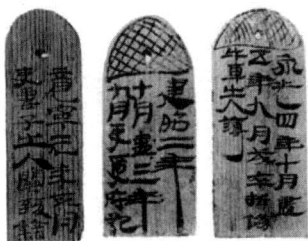

居延汉简

发展受汉朝国防和战争支配，它的起因是汉匈战争，它又影响汉帝国对外战争进程，还为汉军队兵种转变打下了基础，由车骑并重转向以骑兵为主体。

徙民实边，是从内地迁移民户去塞下边疆地区居住。因为西汉政府的主要对手是匈奴，所以徙民实边的重点在西北地区。伴随着军事进攻的不断胜利，始于汉文帝时的移民活动也变得大规模，并延续至西汉末。东汉时由于国力之衰，实施退缩边疆防线，很少大规模移民到边境，同时原有的边疆行政体系也遭到破坏，边地不再安宁。徙民实边，具有军事、经济、政治三重意义。移民战时为兵居时为民，还可垦植，既巩固了国防又减轻国家财政负担，是一项很有效的国防措施。

修筑长城，是完善长城防御体系。秦汉时期共有两次大规模修筑长城，一是秦始皇时，一是汉武帝时。汉武帝依战线的推移而扩展长城的修筑。除了完成长城本身以及相应设施，还在阴山长城以北修了一条复线长城；在西北，修成河西防线；在西域，构筑亭燧，并使之西延。长城防御体系形成了汉帝国北部的边疆防线。长城的修筑反映了农业文明民族对付游牧民族进攻的防御战略。长城，守则为防御前哨，进则为前进基地，它体现的是一种积极的国防战略思想。

总之，屯田、马政、徙民实边和修筑长城体现了汉帝国对边疆建设的高度重视和实际行动。

高昌故城。汉时又叫高昌壁，位于吐鲁番市东约50公里处，始建于公元一世纪，后为高昌国都、西州回鹘都城等，元末明初始建，历时1400余年。图为高昌故城遗址中的佛塔遗迹。

## 90 ~ 80B.C.

# 西汉

**89B.C. 汉征和四年**

正月，武帝东巡，求神仙；三月，封禅泰山、石闾。赵过作田器便巧，又为代田以利耕种，任搜粟都尉。

**87B.C. 汉后元二年**

二月，武帝死，皇太子弗陵嗣位，是为孝昭皇帝，大司马大将军霍光等受遗诏共领尚书事，辅政。

武帝时开始作《禁中起居注》，开创中国历史文献新体裁。

**86B.C. 汉孝昭皇帝始元元年**

中国在西汉中期发明炒钢，早于欧洲近两千年。

**82B.C. 汉始元五年**

匈奴从降匈汉人处学得汉地穿井筑城及储藏粮食等生产技术。

增博士弟子员为百人。其后名额不断扩大；宣帝末复倍增；元帝时增至千人；成帝末达三千；平帝时规定儒士之子受业如博士弟子，不受名额限制。

**81B.C. 汉始元六年**

御史大夫桑弘羊与郡国所举贤良文学六十余人举行盐铁会议，辩论武帝以来盐铁官卖等经济政策。宣帝时，桓宽据会议记录整理为《盐铁论》。

苏武出使匈奴，被拘十九年，至此始被释归。

**80B.C. 汉昭帝元凤元年**

上官桀父子、桑弘羊等因谋废昭帝，拥立燕王刘旦，谋泄，被族诛。


**88B.C.**

罗马意大利同盟各邦起义运动被罗马粉碎，起义领袖之一维达西留斯自焚死。

罗马发生内乱，贵族拥护苏拉，而中下阶层罗马人民则拥护马略。马略党徒乘苏拉出征之际，攻入罗马，夺取罗马政权。苏拉回师，马略逃入非洲。

**82B.C.**

庞培建成现存最大的圆形剧场。

罗马将军苏拉战胜马略党徒，夺取罗马政权。苏拉被宣布为终身狄克推多（独裁者），大杀反对党，取消人民保民官之权力。

**81B.C.**

罗马塞多留在西班牙募集一支大军，发动起义，对苏拉独裁进行斗争，屡败罗马军。

# 汉武帝刘彻祀神求仙

　　汉武帝刘彻即位后，受方士们的诱惑，很喜欢祀神求仙。方士请他祭祀泰一，他就命太祝于长安城东南筑泰一坛，每天一具太牢，连祭7天。有人请他祭三一即"天一"、"地一"、"泰一"，刘彻又照办于泰一坛上一块设祭。元鼎五年（前112），刘彻于甘泉立泰畤坛，以白鹿和白牦牛为祭，天子于黎明时行郊礼，对泰一下拜。早晨祭日，黄昏祭月。

　　元鼎四年（前113），刘彻巡行到汾阴，筑后土祠，祭礼与郊祀上帝同。

"延年益寿"画像砖

于是天地之祀有了固定地点，祭天在国都西北的甘泉，祭地在国都东北的汾阴。

　　刘彻的求仙大致可分为三部分：其一是召鬼神。如命方士少翁召李夫人魂灵。其二是炼丹沙。如李少君鼓动他以丹沙所变黄金铸饮食器可以长寿成仙。其三是候神。如命公孙卿到名山访仙人，但无法得见，只好在建章宫北的泰液池中筑蓬莱、方丈、瀛州3岛，又雕刻许多石鱼、石鳖排列上面，以自我安慰。

　　刘彻的郊祀与求仙，对汉代政治生活具有重要影响，甚至古代帝王的年号，也是由刘彻获麟而创始的。元狩元年，他到雍县祀五帝，猎获一白麟，群臣即请定该年为"元狩"元年，即过去18年画为3段，前6年号"建元"，中6年号"元光"，后6年则号"元朔"。

## 汉武帝颁轮台罪已诏

征和四年（前89）六月，搜粟都尉桑弘羊向武帝建议：轮台（今新疆轮台）东部有5千多顷土地可耕种，请求派兵驻扎，修筑亭障，移民屯田。武帝不予采纳，反而下诏追悔以往长年征伐，使士兵死亡、妻离子散，至今想起令人心痛。轮台在车师以西一千余里。先前收服车师，因环境恶劣，路途遥远，死了不少人。现在又请求派士兵和百姓到更遥远的轮台屯兵开荒，这不是又要劳民伤财，扰乱天下吗？于是宣布："当今务在禁苛暴，止擅赋，力本农，修马复令，以补缺，毋乏武备而矣。"从此不再用兵。

轮台罪已诏的颁行，标志汉武帝在政策上的根本改变，也对以后"昭宣中兴"局面的出现有积极的影响。

## 盐铁会议

始元六年（前81）二月，汉廷召开盐铁会议，总论武帝时政策得失。

汉武帝曾任桑弘羊为理财官，把一度被私人垄断的冶铁、煮盐、酿酒等行业收归政府，由国家垄断经营。这种盐铁官营的措施久生弊端，激起民怨。昭帝始元六年（前81）二月，经谏大夫杜延年提议，霍光以昭帝的名义，令丞相田千秋、御史大夫桑弘羊召集郡国所举的贤

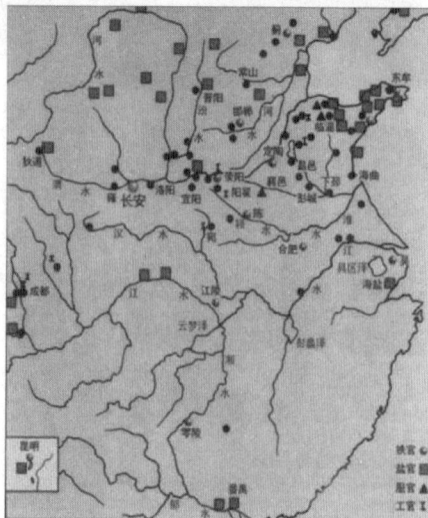

良文学 60 余人，商论时政，特别是对盐铁专卖政策进行总结。贤良文学一致反对盐铁专卖政策，"愿罢盐、铁、酒榷、均输官，毋与天下争利，示以节俭。"只有桑弘羊认为实行盐铁专卖对改善国家财政、抵御匈奴侵扰起过很大作用，不可废止。此外还对与匈奴和战问题，法治与德治问题等进行了辩论。最后大家都肯定武帝的基本政策，同时也认为随时势变化应对这些政策有所调整。同年七月，在霍光主持下，取消了酒专卖政策，"罢榷酤官"，在部分地区停止铁器专卖，其他政策不变。

这次会议留下了详细记录，汉宣帝时由桓宽整理成书，即现存《盐铁论》，共 60 篇。这是研究西汉经济思想的重要文献。

# 汉武帝托孤

后元元年（前 88）正月，汉武帝想把少子刘弗陵立为太子。因弗陵年纪幼小，弗陵的母亲年正少壮，武帝担心她以后会重演汉初吕后专权的故事，于是就想托付大臣辅佐少子弗陵。武帝遍察群臣，物色到已故奉车都尉、光禄大夫霍去病的同父异母弟弟霍光，认为他忠厚可靠。就命黄门画一幅周公负成王朝诸侯图，赐与霍光。后数日，武帝赐弗陵的母亲赵婕妤（即钩弋夫人）死，以绝后患。后元二年二月，武帝病重于五柞宫。霍光前往询问后事。武帝说："立少子，君行周公之事。"即让霍光效仿西周时周公旦辅佐年幼的周成王一样，辅佐少子弗陵执政。又诏立弗陵为太子，封霍光为大司马、大将军，金日石单为车骑将军，上官桀为左将军，受遗诏共辅少主。御史大夫桑弘羊亦同受顾命。不久，武帝死于五柞宫，年 71 岁。

大司马大将军霍光、车骑将军金日石单、左将军上官桀等遵照武帝遗诏，拥立太子刘弗陵即位，是为昭帝。昭帝时年 8 岁，由霍光辅政。霍光对内轻徭薄赋，与民休息，对外与匈奴和亲，民生国力日渐恢复充实。

## 燕王及桑弘羊谋反

元凤元年（前80）九月，燕王刘旦及鄂邑长公主等谋反，事败被杀。

刘旦是汉武帝的第三子。武帝死、昭帝立后，他心怀不满，便联络了中山王刘昌的儿子刘长和齐王将闾的儿子刘泽大造舆论，称昭帝不是武帝的亲子，是霍光等人拥立的皇帝，天下人应共同讨伐。刘泽首先发兵，但立刻被青州刺史隽不疑镇压。刘泽、刘长被诛，刘旦被免以追究，仍为燕王。

但刘旦不甘心失败，又与同霍光结有私怨的鄂邑盖长公主（刘旦姐姐）、左将军上官桀及骠骑将军上官安父子、御史大夫桑弘羊等人串通谋逆，要杀霍光，废昭帝，立燕王为天子。元凤元年，他们以燕王的名义上书诬告霍光。桑弘羊又联络外朝大臣企图胁迫霍光退出朝廷。但昭帝看出燕王的奏章是伪造的，不肯下达，并当众称霍光为忠臣。上官桀等又策划由鄂邑长公主宴请霍光，伺机加害。结果被人告发，昭帝下诏族诛上官桀、桑弘羊等，燕王旦及鄂邑盖长公主畏罪自杀。